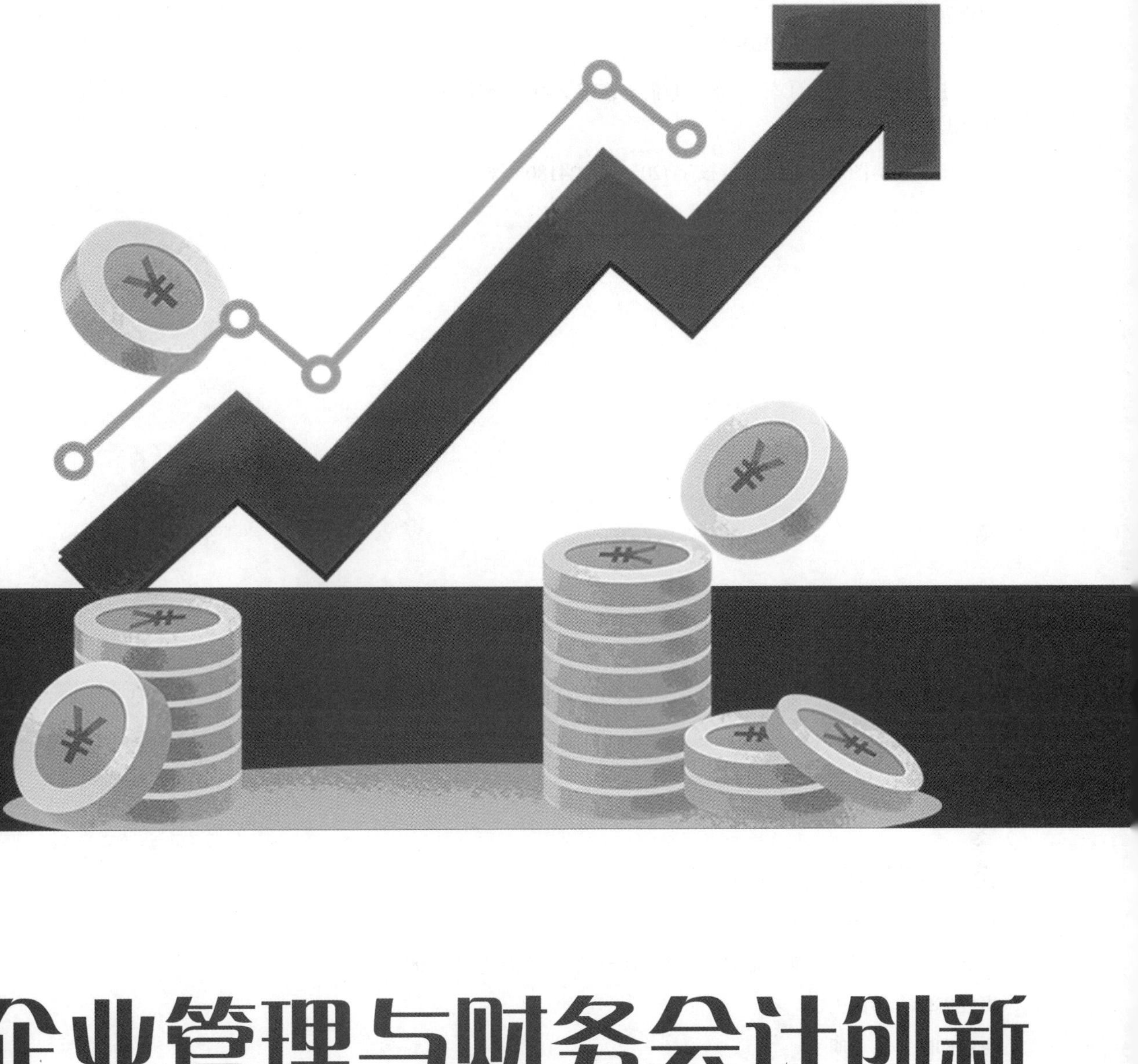

企业管理与财务会计创新

郭君臣 著

中国原子能出版社
China Atomic Energy Press

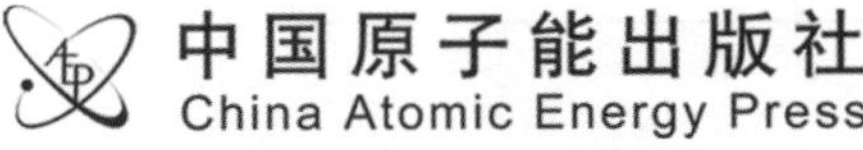

图书在版编目（CIP）数据

企业管理与财务会计创新 / 郭君臣著 . -- 北京 :
中国原子能出版社 , 2022.12

ISBN 978-7-5221-2565-7

Ⅰ . ①企… Ⅱ . ①郭… Ⅲ . ①企业管理②财务会计
Ⅳ . ① F272 ② F234.4

中国版本图书馆 CIP 数据核字 (2022) 第 241808 号

企业管理与财务会计创新

出版发行　中国原子能出版社（北京市海淀区阜成路 43 号 100048）
责任编辑　马世玉
责任印制　赵　明
印　　刷　北京天恒嘉业印刷有限公司
经　　销　全国新华书店
开　　本　787mm × 1092mm　1/16
印　　张　11.5
字　　数　230 千字
版　　次　2022 年 12 月第 1 版　　2022 年 12 月第 1 次印刷
书　　号　ISBN 978-7-5221-2565-7　　定　　价　76.00 元

前　言

随着信息时代和经济全球化新经济格局的形成，企业经济管理对于新形势下的企业而言尤为重要。企业要形成真正的核心竞争优势，在激烈的国内和国际市场上立于不败之地，就必须要跟上世界经济发展的步伐，进行企业经济的创新管理，实现企业的特色发展，从而提高市场占有率。而会计作为经济管理的重要组成部分，其作用职能的发挥对于企业财务管理影响巨大。会计作为企业经济管理的核心，不仅以其特殊的方法手段为企业的经济管理提供有效的决策参考、正确的财务运营信息，也能以其反映、监督、控制的职能调控、指导企业经济管理活动运行，从而彰显企业的经济管理目标或者管理活动的进程与见效程度，保证企业的经济管理活动合法有效地进行。

本书首先概述了企业管理的基本内容，并探讨了企业战略管理理论、企业营运资金管理、企业资本运作风险管理，然后详细分析了企业财务管理以及企业财务管理的应用创新，最后对企业财务会计智能化做出详细的探讨。

在编写过程中，我们力求严谨、新颖，突出本书的特色；同时，参阅、引用了大量国内外有关企业战略管理方面的书刊资料与前沿科研成果，在此一并致谢。由于编者水平有限，书中难免存在疏漏与不足之处，恳请读者给予批评指正。

目录

第一章　企业管理概述

第一节　现代企业制度

一、现代企业制度的概念

对于现代企业制度的概念，目前理论界还没有统一的看法，我们认为，应当从以下两个方面来理解现代企业制度的概念。

（一）现代企业制度是针对传统国有企业制度提出来的

我国传统的国有企业制度是为适应高度集中的计划经济而建立起来的。这种传统的企业制度大体上经历了三个发展阶段，即供给制阶段、经济核算制阶段和经济责任制阶段。在不同的阶段，企业的经营权限、国家对企业的管理虽然也有很大的不同，但它们都是适应计划经济的，是在计划经济体制基本框架内经营方式和管理方式的一些变化，这种企业制度存在着一些先天性的弊病，具体如下：① 企业的产权关系模糊化。企业的资产和所有者的其他资产没有严格的界限，所有者缺位，所有者的权益不能得到正确的实现。② 产权封闭化。企业按照所有制性质分类、管理，不同所有制企业的产权严格分开，不能混合、流动。③ 企业行政机构化。企业不是真正的企业，只是政府行政机构的附属物。与企业行政机构化相对应的是企业决策集中化，企业的各项生产都听从政府安排。④ 组织形式非法人化。企业没有可供独立使用和支配的财产，就其法律地位而言，它们不具备真正的法人资格。⑤ 职工就业凝固化。企业招收职工由政府机关采用指令性计划分配，企业和职工都缺乏选择的自由，而且流动十分困难。⑥ 分配平均化。企业利润全部上交，亏损时由政府补贴，企业吃国家的“大锅饭”。⑦ 外部管理非法制化。把政府职能和所有者的职能相混淆，政府对企业采用直接的行政性手段进行管理，领导部门多，职责不清。这些弊病很不适应新形势的要求，尤其不适应社会主义市场经济的要求。实行改革开放政策以来，虽然国家很重视企业改革，并取得了很大成绩，但是，从整体来看，企业改革还没有取得实质性的进展，特别是一些大型企业和特大型企业还缺乏活力，经济效益不高。事实证明，不解决产权问题和建立现代企业制度，使企业成为完全独立的商品生产者，企业经营机制很难发生根本性转变。所以，必须用现代企业制度代替高度集中的计划经济体制下形成的传统的国有企业制度。

（二）现代企业制度是针对早期的企业制度提出来的

从产权关系和法律形态来考察，企业制度经历了独资企业、合伙企业和公司企业的发展过程。

历史上最早出现的是独资企业，又称为单一业主企业、个人业主企业或个体企业。这种企业由业主个人出资兴办，直接经营，并享有企业的全部经营所得，同时对企业债务负无限责任，出现资不抵债时，业主要用自己的全部财产来抵偿。独资企业的局限性是规模小，筹资较困难，业主负无限责任，风险大，而且企业生存时间有限。这些缺点使独资企业逐渐发展到合伙企业。

合伙企业是由两个或两个以上的投资者共同出资兴办的企业。这种企业一般通过合同来规定投资者的收益分配方式和亏损责任。它的优点是：扩大了资金来源和信用能力，能够分散经营风险。合伙企业的缺点是：合伙人必须以其全部财产对企业的债务承担无限责任，风险较大；合伙人都有较大的决策权，遇到一些有争议的问题，很难及时做出决策；企业的寿命有限，任何一个合伙人死亡或退出，都可能威胁到企业的生存。

继合伙企业之后出现了公司企业。公司是指由两个或两个以上的投资者出资共同创办的企业。由于投资者承担的责任不同，公司在法律形态上又可以划分为无限责任公司、有限责任公司、股份有限公司、两合公司和股份两合公司等五种形式。必须指出的是，大陆法系和英美法系的划分是不同的，区别之一是：大陆法系承认无限责任公司、两合公司和股份两合公司是法人企业，而英美法系则把这三种形式看作与合伙企业相同，不承认它们具有法人地位。所以，按照英美法系，公司只存在负有限责任的公司形式。在这些公司中，有些公司的资本不被分为等额股份，股票也不上市交易，它们被称为私公司或者封闭公司；有些公司的资本被分为等额股份，它们被称为有限责任公司，其中股票上市交易的公司被称为股份有限公司。

在西方市场经济的国家里，虽然独资企业、合伙企业和公司企业这三种企业形式同时并存，而且从企业数量来看，前两种企业占较大比重，但是规模较小。从拥有的资产、产出和雇佣的职工等指标来看，公司企业占主导地位。以美国为例，美国约有 1000 万家企业，其中，个人业主企业约为 700 万家，合伙企业约为 100 万家，股份公司约为 200 万家，但是股份公司资产、产出和雇佣的职工都占全国企业的 80% 左右。制造、交通、公用事业、金融等产业的企业几乎都是采用股份公司的形式；在贸易、建筑等行业中，大约 1/2 的企业采用股份公司形式；股份公司只在农业和某些特殊的服务业中，如在医药、会计等行业中不占主要地位。可见，公司企业在西方国家的经济中起着十分重要的作用。

从上面的分析可以得出这样的结论：现代企业制度是随着商品经济的发展而产生

的，是适合现代商品经济要求的一种企业制度，其主体形式是股份公司。

二、现代企业的基本特征

（一）以现代科学技术为基础

在现代企业里，生产经营活动的进行是以现代科学技术为基础的。现代企业一般都拥有各种先进的技术装备和大量文化技术水平高、操作技术熟练的科技人员和生产工人，并广泛运用先进的工艺和新材料。尤其是近些年来，由于电子计算机和其他高科技的出现与广泛应用，使得一些企业的技术基础发生了革命性变化，企业对现代科学技术的依赖性也愈加突出。

（二）采用现代企业制度

企业制度是企业内在的产权制度与外在的组织形式的统一。随着社会生产力的发展，企业制度也经历了由单一化到多元化的发展，出现了由原始企业制度一个人业主制企业到合伙制企业，再到现代企业制度——公司制度的变化，公司制度，特别是股份公司制度是当今西方现代企业普遍采用的一种基本企业制度。

（三）实行现代企业管理

企业管理是社会生产力发展的产物，反过来又促进社会生产力的发展。随着资本主义工厂制度的出现，企业管理经历了由传统管理到科学管理，再到现代管理的发展过程。实行现代企业管理，是企业以现代科学技术为基础，进行生产经营活动的客观需要，是科学技术转变为现实先进生产力的要求。当今现代企业的管理大都是在现代企业管理理论指导下进行的，是由一些有学识、有经验的管理专家来掌握企业经营管理权，实行的是现代企业领导体制，企业管理中广泛采用现代企业管理技术、管理方法和手段，建立起现代企业管理组织和各种管理制度。

（四）具有现代企业文化

人是企业发展之本。在现代企业中的人，既是追求一定物质利益的“经济人”，又是处于一定社会关系中的“社会人”，也是由一定理想、价值与信念等精神因素支配的“文化人”。在现代市场经济条件下，企业要生存和发展，不仅有赖于现代先进的科学技术和管理，更重要的还在于全体员工劳动热情的充分发挥，在于与之相适应的包括理想、信念、规范等在内的企业文化的创立。在市场经济的长期发展过程中，现代企业逐步把自己的价值观、规范、制度积淀下来，形成了优秀的现代企业文化，即现代企业价值观。其基本内容包括以下几个方面。

（1）追求最大的利润。

（2）把利益还原于股东。

（3）把利益还原于职工。

（4）为社会做贡献，对社会负责任。

（5）提倡职工的敬业精神和团队精神。

（6）创立良好的企业形象。

三、建立现代企业制度的必要性

（一）建立现代企业制度是社会主义市场经济的客观要求

企业体制是整个经济体制的一个重要组成部分和中心环节，它必须和整个经济体制相适应。改革前，我国实行的高度集中的计划经济体制，决定了企业只能采用缺乏自主权的传统国有企业制度。随着改革的深入和发展，我国经济体制改革的目标是要建立社会主义市场经济体制。这种市场经济是一种现代商品经济，它要求有现代企业制度、健全的市场体系和完善的宏观管理系统。这三者是相互联系、相互制约的。没有健全的市场体系，没有适应市场经济的宏观调控，不可能有真正的企业，同样，没有真正的企业，市场体系也难以形成，间接的宏观调控也难以实现。所以，独立的企业是社会主义市场经济的微观基础。要使企业成为独立的商品生产者和经营者，实现自主经营、自我发展、自我约束、自负盈亏，在企业改革上就必须转变观念、转变思路、转变战略，由扩权让利转变为转换企业经营机制；由单纯实行所有权和经营权的分离转变为重组企业的产权关系；由推行承包制度转变为创新企业制度。概括起来，就是要建立现代企业制度，重新构造适应社会主义市场经济的微观基础。

（二）建立现代企业制度是企业改革实践深入发展的要求

我国城市经济体制改革是从扩大企业自主权开始的，到现在大体上经历了扩大企业自主权、建立经济责任制、实行利改税和转变企业经营机制等四个阶段。在改革的前三个阶段，城市经济体制改革基本上走的是扩权让利、以利益刺激为主的道路。当然，这不是说不需要调整国家、企业和职工的利益关系。在高度集中的计划经济体制下，国家在财政上实行统收统支的政策，企业没有自身独立的经济利益，经营好坏一个样，挫伤了企业和职工的积极性。不调整三者的利益关系，企业就不能产生内在的经济动力，搞不好经营管理，没有经济效益，职工也缺乏长久的积极性和创造性。但问题是调整利益关系必须以机制的转换为根本前提，离开机制的转换去单纯调整利益关系，就给企业留下了“利益谈判”的空间。企业利益的获得，不是完全依靠自身的经营努力，而是在很大程度上要靠与政府“讨价还价”的谈判来实现。而且，由于企业没有形成自我约束机制，当外部约束减弱之后，企业的不合理行为就泛滥起来，盲目投资，滥发奖金、财物等。

第二节　企业制度的演进

企业制度本身有一个形成与发展的过程，企业的组织形态经历了由独资企业（即单个业主制）到合伙企业再到公司企业的过程，而公司企业的发展史是企业组织发展史或企业制度发展史中的重要内容。要研究现代企业制度，探讨如何建立具有中国特色的现代企业制度，就有必要了解公司制度的发展过程。在这一节中将着重阐述企业制度（主要是西方公司制度）的演进过程及公司企业的类型。

一、企业制度的演进过程

企业形态或企业组织形式的发展、变化与生产力的发展、商品经济及市场经济的发展密切相关。这有两层含义：① 在各个历史时期占主导地位的企业组织形式随着生产力和商品经济的发展而有相应的变化。② 某一种企业组织形式本身随着生产力和商品经济的发展而变化、发展。

尽管在现代市场经济体制下，企业的各种形态或企业的各种组织形式是同时并存的，如独资企业、合伙企业和公司企业同时并存于现代市场经济体制下的各个国家之中，但从企业形态或企业的组织发展过程看，毕竟还是有一个从独资企业到合伙企业再到公司企业的演进过程。在此，着重介绍公司企业的发展。

（一）公司企业产生的背景

公司制度虽然是在资本主义制度发展到成熟阶段才得以广泛发展的，然而，不能说公司制度是资本主义特有的产物或经济现象。资本主义经济只是公司制度所经过的一种社会形态。一般认为，股份制及其组织形态起源于中世纪的欧洲。但是，实际上对这个问题还可以追溯到更远的时代。从一些文献来看，早在罗马帝国时期，就存在着公司或类似于公司的组织。在罗马，第一个类似于公司的组织以股份有限公司的形式出现，它向公众出售股票，以便履行为支持战争而签订的政府合同。当时不可能存在大规模的组织，因为政府只允许股份有限公司履行政府的合同，并不得从事其他任何活动。那时的船夫行会就是类似于公司的组织，当时，粮食贸易是一种巨大而有厚利可图的事业，它由政府一手控制。所有运粮船只都只由那些与政府签订合同的公司来管理。古罗马的包税人的股份委托公司，被经济史专家认为是股份公司的先兆。

（二）公司制度的起源

公司制度的起源首先是和贸易的兴旺、分散风险的要求联系在一起的。

（1）从当时大陆方面的情况看，在中世纪的欧洲，地中海沿岸各城市海商繁荣，都市兴旺，商业较为发达，商人们一般都要把自己所经营的商号传给自己的亲属、子女。亲属、子女在得到祖传产业后要分家产，但又不愿意歇业，于是便共同继承、共同经营先辈所经营的商业企业，共享盈利，共负亏损，从而形成了所谓的家族营业团体，或称为家族企业。家族企业曾盛行于法国，这是后来的无限公司、有限公司的前身。

（2）从海上贸易的情况看，中世纪海上贸易兴旺，由于海洋浩瀚，交通不便，从事海洋贸易，既要有巨额的资本，又要冒很大的风险。例如，可能遇到风浪的袭击和海盗的骚扰、抢劫，于是船舶共有便应运而生。当时的这种公司实际上是一种合伙公司或合营公司，入股者之间的关系是一种合伙关系。

（三）原始公司制度

从罗马帝国时期到15世纪末的这一漫长时期，虽然公司在组织上、数量上、规模上、经营上都逐步向着近代公司和现代意义上的公司发展，并为近代公司和现代意义上的公司的出现做好了经济、组织上的准备，但是，在这个过程中，公司的发展仍处于一种幼稚的、原始的状态。因此，可以把这一时期的公司称为原始公司，把这一时期的公司制度相应地称为原始公司制度。公司制度发展的原始性特点主要表现在以下几个方面。

1. 没有明确的公司法律规范

依法成立是公司的一个重要特征，而原始公司在合伙内容、经营方式、分配办法等方面都没有明确的法律规范。

2. 组织上的合伙性

原始公司无论是罗马帝国时期的类似于公司的组织，还是中世纪的索塞特（与海洋贸易相关的合伙型股份形式）、船舶共有和家族企业，都具有明显的合伙性，而合伙企业是企业组织形式发展中的一种形式，与现代意义上的股份公司相距甚远。

3. 与合伙性相联系的投资短期性

原始公司往往是为了一次交易或几次交易，或为了每次航海筹集资金才实行合伙经营，当这种交易、航海活动等完成后，参与者往往就收回股本和利润。

4. 组织的不稳定性

这一特点与原始公司的合伙性也是紧密相连的，合伙性决定了原始公司的发展很容易夭折，不能延续很久。

5. 规模的局限性

具有合伙性的原始公司，虽然能够比独资企业筹集到更多的资本，使得企业规模有可能比独资企业大，但它能够筹集到的资本有限，所以原始公司在企业规模上具有较大的局限性。

6．责任的无限性

尽管有些原始公司中某些股东负有限责任，但并未成为主流，责任的无限性仍是原始公司的一个重要特点。

7．形式的多样化

虽然合伙企业是原始公司的主要组织形式，但是从具体形式来看，却有例如船舶共有、索塞特、家族企业等多种形式。然而，原始公司的形式多样化与现代意义上的公司形式多样化含义不同。

8．数量的有限性

从已有的资料看，原始公司在数量上很有限，在当时并未成为大量的、普遍的、占主导地位的经济组织形式。

（四）近代公司制度

15 世纪末到 19 世纪末，是一个由原始公司向现代公司过渡的时期，也是由原始公司制度向现代公司制度过渡的时期。这一时期公司制度发展的主要特点如下。

1．出现了法律规范

在英国詹姆士一世统治时期，首次确认了公司作为独立法人的观点。1673 年，法国颁布了《商事条例》，首次以法律的形式确认家族营业团体为公司制度。1826 年，英国颁布条例，给股份银行一般法律认可。1855 年，英国认可了公司的有限责任制性质。1862 年，英国颁布了股份公司法。1870 年，《法国商法典》开始有公司的规定。1875 年，美国大多数州都为公司的发展制定了法律。上述事实是公司制度逐步走向成熟的重要标志之一。

2．迎合殖民扩张的需要

殖民扩张是进行资本原始积累的组织方式之一。新航线和新大陆发现后，16 世纪的国际贸易逐步从地中海转到大西洋，英格兰成为重要的贸易中心。代表商业资产阶级利益的重商主义出现后，西欧国家的资产阶级在争夺政治、经济权力的过程中，采取了一系列重商主义政策和对外殖民扩张政策。在这样的背景下，出于殖民扩张、对外贸易、资本原始积累的目的，英国、荷兰、法国、丹麦、葡萄牙等国出现了一批由政府特许建立的、具有在国外某些地区进行贸易垄断特权的贸易公司。

3．组织形式从以股份集资经营为主逐步向现代公司过渡

当时，上述的这些特许公司可以分成两大类：一类可以称为合组公司；另一类是合股公司。没有共同资本，凡是有相对资格的人，都可缴纳若干入伙金加入组织，但各自的资本由各自管理，贸易危险亦由各自负担，对于公司的义务，不过是遵守其规约罢了，这种公司称为合组公司。以共同资本进行贸易，各股员对于贸易上的一般利润或损失，

都按其股份比例分摊，这种公司称为合股公司。这些合组公司或合股公司有时拥有专营的特权，有时又不拥有这种特权。相比之下，对于大规模的海外贸易来说，作为现代公司先驱的合股组织要比合组公司这一类企业组织更优越。合股公司在得到政府的特许后，可以通过出售股票向个人投资者募集资本。与合组公司相比，合股公司有三个明显的优点：① 可以募集更多的资本用于支付海外贸易所需的船舶及货物的开支。② 可以使所有权和经营权分开，使人们投资于商业而不必参加管理。③ 在船舶、货物经常遭受损失的情况下，合股公司显然能够分散风险。继合股公司之后，出现了商人集股共同经营的特许股份公司。

二、公司企业的类型

根据不同的法律体系，公司企业具有不同的形式。按大陆法体系，公司一般可以分为股份有限公司、有限责任公司、无限责任公司、两合公司和股份两合公司等五种具体形式。下面将简单介绍这五种公司的基本特点及优缺点。

（一）股份有限公司

股份有限公司是指由法定的 2~200 人出资设立，全部资本划分为等额的股份，其股票一般可以在社会上公开发行并转让的公司企业。

股份有限公司的基本特点是：等额的股份、有限的责任、股份自由转让和财务公开。股份有限公司的全部资本要划分为等额的股份。在各国的公司法中，对股份有限公司的资本一般没有最高资本的限制，但一般要对最低资本做出限制。在股份有限公司中，股东对公司的债务仅就自己的出资额承担有限责任。股份有限公司的股票一般要上市公开交易，可以自由转让，但股东一旦投资入股，就不能从公司中抽回股本。财务公开则是股份有限公司的一个共同特点，股份有限公司的财务必须向全体股东、政府有关部门、潜在的投资者、债权人及其他公众公开，对于这一点，各国的公司法都有着十分严格的规定。此外，各国的公司法对于股份有限公司的最低人数也有规定，但各国的规定不尽相同。

股份有限公司是一种最为典型的股份制企业。这种公司组织形式的缺点是：设立程序较为复杂，设立成本较高；财务必须向公众公开，保密性差；公司股票的自由转让及股票价格的涨落，助长了一部分人的投机心理。

股份有限公司的优点有以下几个方面。

1．有利于吸收资金

股份有限公司可以通过发行各种形式的股票以及小面额股票来募集资金，吸引投资者，这使得股份有限公司的资本来源广泛，能够将闲散的小资本结合成大资本，甚至结合成巨大的资本，从而可以从事大规模的事业。

2．股票可以自由转让

股份有限公司的股东一旦投资入股，就不能抽回股金，这会导致股东有时需要收回现金或转移投资与公司股金不能抽回的矛盾，但股票的转让正好解决了这一矛盾。

3．采取有限责任制

在公司发生破产时，公司的股东就自己的出资额对公司的债务承担有限责任，股东不必用自己的其他资产来为公司承担债务。公司的债权人也不能要求股东用其除投入公司的出资以外的资产来承担公司的债务。

4．有利于降低投资风险

股份有限公司的股东不仅只对公司的债务承担有限责任，而且股份有限公司的股份一般都比较分散，这有利于股东分散风险。

5．有利于提高企业的经营管理水平

股份有限公司是一种典型的合资公司，公司的所有权与经营权相分离，公司可以由受过专门训练、经验丰富的专门人员来进行管理与经营，从而有利于提高企业的经营管理水平。

6．有利于社会公众监督其经营行为

股份有限公司的财务必须公开，因为这有利于规范股份有限公司的经营行为，有利于包括股东在内的社会公众对其监督，有利于保护股东、债权人和其他相关人士的合法权益。

（二）有限责任公司

有限责任公司是指由 2 个以上 50 个以下的出资者共同出资组成，股东仅就自己的出资额对公司的债务承担有限责任的公司。有限责任公司是一种较为普遍的公司组织形式。

有限责任公司与股份有限公司相比的特点是：股份按比例划分，有限责任，股份不能自由转让，财务不公开。两者最主要的区别在于：前者全部资本不划分为等额的股份，而后者的全部资本要划分为等额的股份；前者不发行股票，其股权证也不能上市公开交易，而后者的股票则可以公开上市交易；前者的规模一般都比较小，在许多国家这种公司多为亲朋好友和熟人之间所组成的中小企业，每个股东原则上都有一票的表决权，而后者则规模都比较大，股东是每股一票。由于有限责任公司并无股票上市，不公开发行股票，所以在英国将其称为“私公司”或“不上市公司”。有限责任公司具有严格的最低与最高股东人数限制，其设立程序较为简单。

有限责任公司的缺点是：具有不公开性，为非上市公司，股东人数少，股东一般都是亲朋好友，人情因素浓厚。因此，有限责任公司的筹资规模有限，股权的转让较为困难。

有限责任公司的主要优点是：其设立程序较为简单，股东承担有限责任，风险较小，有利于中小企业发展。

（三）无限责任公司

无限责任公司也称为无限公司，是指由若干人（一般为 2 人）以上对公司的债务承担连带无限责任的股东所组成的公司企业。

对于无限责任公司，英美法系国家的公司法要求公司企业不得存在无限责任股东，不承认无限责任公司为法人企业，而将其归为普通合伙的一种契约关系；在法国、日本、德国等大陆法系国家，则一般都承认无限责任公司为法人企业。

无限责任公司是典型的人合公司，公司的信用主要是基于股东个人的信用，而非公司的资本。无限责任公司的股东必须是自然人，公司的股东都有权管理公司的事务，除非在公司章程中另有规定。无限责任公司的股东不能随意转让股份，除非已征得全体股东的同意，由于无限责任公司的股东对于公司的债务要承担连带无限责任，股东的个人风险较大，所以这种公司对外容易取得较高信誉，对于债权人较有保障。无限责任公司的数量和股东人数都相对较少，在许多国家已不占重要地位。

（四）两合公司

两合公司是指既有有限责任股东，又有无限责任股东，有限责任股东对于公司的债务仅就自己对公司的出资额承担有限责任，无限责任股东则要对公司的债务承担连带无限责任的法人企业。两合公司要由一个以上的无限责任股东和一个以上的有限责任股东组成。

两合公司是一种介于有限责任公司和无限责任公司之间的公司组织形式，公司的资本不划分为等额股份。在大陆法系国家一般都承认两合公司是法人企业，而在英美法系国家则不承认两合公司为法人企业。由于两合公司中的无限责任股东对于公司的债务要承担连带无限责任，所以有利于保护债权人的利益，容易对外取得信任。两合公司中的无限责任股东在公司中承担的风险大，而有限责任股东在公司中承担的风险要比无限责任股东小得多，所以，前者在公司中享有管理公司的权利，对外代表公司并执行公司业务；后者则不享有管理公司业务的权利，也不能对外代表公司和执行公司业务。

两合公司是适应于下列情况而出现的：有的投资者有资金，但不愿意冒太大的风险，或没有经营管理的才能，或不愿意自己去直接从事经营活动；而有的投资者虽然没有资金，或资金实力不足，但具有经营管理的才能，愿意承担企业的经营业务，或有的投资者有资本实力，也想自己从事经营活动。潜在的投资者若准备投资，而且愿意具体从事企业的经营活动，也愿意冒大的风险，就可以作为两合公司中的无限责任股东。公司潜在的投资者若准备投资，但不愿意具体从事企业的经营活动，也不愿意冒太大的风险，就可以作为两合公司中的有限责任股东。两合公司中的无限责任股东的死亡，通常会导致两合公司的终止或退股。有限责任股东的死亡等则不会导致公司的终止或退股，因为其股份可以由其继承人继承。

（五）股份两合公司

股份两合公司是由一人以上的无限责任股东和一定人数或一定人数以上的有限责任股东出资组成的法人企业。股份两合公司与两合公司的主要区别在于：前者的有限责任部分的资本要划分为等额的股份，可通过公开发行股票来募集资本；后者的有限责任部分的资本则不划分为等额的股份，也不能通过公开发行股票来募集资本。

在股份两合公司中，与两合公司的情况相类似，有限责任股东仅就自己的出资额对公司的债务承担有限责任，无限责任股东则对公司的债务承担连带无限责任。无限责任股东在公司中占有重要的地位，对外代表公司并执行业务，而有限责任股东则不能对外代表公司和执行业务。公司中的监察人对公司的事务实行监督，监察人由股东会选举产生，但不能由无限责任股东担任。公司监察人的决定对公司的有限责任股东具有约束力。股份两合公司中的有限责任股东只有在征得半数以上的无限责任股东同意的情况下，才能转让自己的股份。两合公司所具有的其他优点，在股份两合公司中同样具备。

第三节　现代企业的产权制度改革

在企业中，尤其是在国有企业中推行现代企业制度，是为了探索市场经济与公有制有机结合的问题，探索市场经济体制下公有制的有效微观实现形式。进行企业产权制度的改革，是在企业建立现代企业制度的过程中一个迫切需要解决的问题。本节将讨论现代企业制度条件下企业产权制度的基本特点；介绍市场经济条件下各类企业的产权制度，尤其是公司企业的产权制度的基本特点，并探讨国有企业产权制度改革的方向和原则。

一、现代企业产权制度的基本特征

现代企业是随着商品经济的发展而逐步形成的，具有以下基本特点。

（一）产权明晰，具有明确的人格化代表

在现代企业制度下，产权明晰，具有明确的人格化代表，是现代企业产权制度一个最为突出的特点。我国在进行经济体制改革以前的企业，按企业的所有制性质划分为所谓的全民所有制企业、集体所有制企业；随着经济体制改革的进行，所有制形式越来越多样化，所有制结构发生了很大的变化，但仍然主要按所有制来划分企业的类型。当各种形式的股份制企业出现以后，一方面按原来的规定仍试图要分清股份制企业的所有制性质；另一方面，股份制企业属何种所有制性质，在上级文件中又无规定。这个问题曾一时困扰过股份制企业及所谓的股份合作制企业的注册。后来为了能在股份制企业营业执照上的“企业所有制性质”一栏中可以标明其所有制性质，便将股份制企业的所有制性质规定为“股份所有制”。

（二）企业是市场的主体，企业的领导者是企业家

企业的领导人按照市场的规律办事，遵循的应是经济规律，而不是下级行政组织服从上级行政组织的原则。政府管理企业，一是通过法制化的渠道，如企业法、经济法等各项法律法规；二是通过宏观经济调控手段，如宏观经济政策、税收、银行利率等，政府一般不能直接干预企业的日常生产经营管理事务。企业的领导者，如董事长、总经理、厂长等，所代表的应是企业出资者（所有者）的利益，作为企业家应以合法地经营管理企业、为所有者创造最大的利润为目标。

（三）企业的产权具有开放性

在现代企业制度中，企业按出资方式和债务责任划分为独资企业、合伙企业和公司企业。公司企业又可按出资方式和债务责任进一步划分为股份有限公司、有限责任公司、无限责任公司、两合公司和股份两合公司等。股份制企业实际上就是公司企业的统称。公司企业可以由多种所有制、多个所有者共同投资组成，其产权具有开放性的特点，可以自由组合、自由流动。这样各种产权就能在企业这一微观层次上结合起来，形成一种产权方面的“横向联合体”，这也符合市场经济发展的要求。

（四）所有权与控制权相对分离

作为一个股东只拥有其所有资本对应的股权，他不能单独地干涉企业的日常生产经营活动。企业的日常生产经营由各方面的专家控制，并代理企业的所有者实施对企业的管理。因此，管理在现代企业中成为一种专门的职业。

公司企业为所有权和经营权在形式上的分离提供了可行的组织基础。一般情况下，股东对自己的股份只能转让，不能收回。公司作为法人，对其所经营的财产具有法人财产权。股东只能作为一个整体，抽象地、间接地支配着公司的财产。

从上述意义而言，在现代公司制度下，公司企业的所有权与经营权（更准确地说，应是控制权）是分离的。然而在公司中，股东大会作为公司全体股东行使其股东权的最高权力机构，公司的董事会作为股东大会的常设机构和代表全体股东进行决策的机构，都是公司内部的有机组成部分。从这一意义上说，在公司企业中，所有权和经营权（或控制权）又是在公司内部统一的。现代公司企业的治理结构能够解决传统国有企业制度下政府对国有企业过度干预，又无人真正关心和负责的矛盾。所以，公司作为法人对法人财产权的行使，对股东与企业的关系而言，是以企业的所有权与控制权在企业内部实际上统一为前提的。

（五）产权权益有明确的保障

由于现代企业制度下的企业产权十分明晰，具有明确的人格化代表，再加上其他方面一些因素的作用，如科学的分配制度与其他管理制度，股东法定的权利及产权权益一般能够得到有力的保障。

（六）治理结构决策权、监督权与执行权相互分立、相互制约、相互合作

公司企业的治理结构，一般是指公司的领导制度。现代公司制度的形成、发展与完善，是一种企业制度的革命性变化。公司企业治理结构的基本框架是由各国的公司法或相关的法律所规定的。一般来说，公司的治理结构包括三大部分：所有者、董事会和执行管理部门。

公司的治理结构从管理方面反映着股东与公司、公司与职工的关系，也从组织上反映了所有权与经营权的关系。如果把公司的管理权或领导权分为决策权、监督权和执行权，那么，战略决策权由董事会控制，日常具体决策权由公司管理层控制，监督权主要掌握在董事会手中。董事会根据战略目标和业务指标对公司实绩进行近距离定期监督，即日常监督或常务监督，股东大会则对公司实绩进行远距离监督；执行权（经营权）由公司管理层掌握，公司管理层根据既定的目标管理公司。

二、我国国有企业改革的历史回顾

回顾 1978 年以来我国国有企业的改革，大体经历了以下两个阶段。

（1）从 1978 年中国共产党十一届三中全会到 1992 年，以放权让利为主要内容的政策调整阶段。针对我国经济管理体制上权力过于集中和政企不分的弊端，明确提出了要下放权力，让企业有更多的经营自主权，解决政企不分、以政代企的问题。1984 年中国共产党十二届三中全会通过的《中共中央关于经济体制改革的决定》，提出了社会主义有计划商品经济的体制模式，并把增强企业活力作为经济体制改革的中心环节，提出要使企业真正成为相对独立的经济实体，成为自主经营、自负盈亏的社会主义商品生产者和经营者，使其具有自我改造和自我发展的能力，成为具有一定权利和义务的“法人”。这一阶段的企业改革，正是根据以上要求进行以放权让利为主要内容的政策调整性改革。其中又可以细分为以下几个阶段。

①从 1978 年中国共产党十一届三中全会到 1984 年中国共产党十二届三中全会，这一时期主要是从调整国家和企业之间的经营权和利益分配关系入手，扩大企业经营自主权，推行生产责任制，实行多种形式的利润留成和盈亏包干等。

②从 1984 年到 1986 年年底，主要是通过以利改税的改革进一步确定国家和企业之间的分配关系。

③从 1987 年到 1991 年 9 月，国有企业普遍推行了承包经营责任制，以承包合同契约方式进一步改革经营方式，扩大企业经营自主权，减少政府对企业的干预，界定国家与企业之间的利益分配关系。

另外，在这一阶段，国有企业结合放权让利的改革，还进行了企业领导体制、劳动、人事分配三项制度等一系列改革，推行了现代化管理等。通过以上改革，多数国有企业的素质较之改革前有了很大提高，活力有所增强，也涌现出了一批以首钢、吉化为代表的颇有活力的企业典型。但就总体来看，国有企业机制不灵、活力不足、效益低下、政企不分的问题并未得到真正解决，也未能将国有企业改变为自主经营、自负盈亏、自我约束、自我发展的商品生产者和经营者，这就要求必须进一步深化改革，解决国有企业深层次的矛盾。

（2）从 1992 年中国共产党十四大，特别是中国共产党十四届三中全会以后，为以明晰产权关系为主要内容的企业制度创新阶段。中国共产党十四大确定了我国经济体制改革的目标是建立社会主义市场经济体制。为适应社会主义市场经济体制的要求，对国有企业的改革提出应通过理顺产权关系，转换企业的经营机制，实行政企分开，落实企业经营自主权，使企业真正成为自主经营、自负盈亏、自我发展、自我约束的法人实体和市场竞争的主体，并承担起国有资产保值、增值的责任。为贯彻落实中国共产党的十四大提出的经济体制改革任务，加快改革开放和社会主义现代化建设步伐，1993 年 11 月，中国共产党十四届三中全会审议通过的《中共中央关于建立社会主义市场经济体制若干问题的决定》（以下简称《决定》），为继续深化企业改革指明了方向，《决定》明确了今后我国国有企业改革的方向，即进一步转变国有企业经营机制，建立适应市场经济要求，产权清晰、权责明确、政企分开、管理科学的现代企业制度。《决定》指出，以公有制为主体的现代企业制度是社会主义市场经济体制的基础，并要求对国有企业实行公司制进行积极的探索。至此，我国国有企业的改革就由原来的以放权让利为主要内容的政策调整阶段，转为以明晰产权关系为主要内容的企业制度创新时期。

三、国有企业产权制度改革的方向和要求

为了适应社会主义市场经济的要求，提高国有资产的使用效率，必须对传统的国有企业产权制度进行改革。这里主要就国有企业产权制度改革的方向和原则进行探讨。我国国有企业产权制度改革的方向是：实行政企职能分开，国有资产的所有权和经营权分开，使企业具有法人财产权，以进行具有自负盈亏能力的经营。为此，国有企业产权制度改革的基本要求有以下几个方面。

（一）要坚持有利于发展生产力的标准

在理顺和重组国有企业的产权关系时，要坚持用是否有利于发展生产力的标准来衡

量改革的措施，要纠正“国有制是公有制的高级形式”“公有制程度愈高愈好”等旧观念，从有利于提高生产效率和发展社会生产力的观点来选择公有制的形式和结构。一般来说，在成熟的市场经济下，国有制在自然垄断和信息垄断性强的产业、幼稚产业以及一些特殊行业具有相对优势。因此，从总体上看，现在我国国有制存在着涉及面过宽、战线过长的问题。要通过明确国有资产的投资领域、出售小型国有企业、出售部分大中型国有企业的股权等形式，适当收缩战线，优化国有资产的配置结构。

（二）要坚持“公有制是在实践中不断发展的”“公有制的实现形式是应该探索的”观点

按照马克思的设想，无产阶级取得政权以后，要将一切生产资料归全社会所有，因此，只存在单一的全民所有制。但是，在社会主义的实践中，社会主义国家根据自己的具体情况，又采用了集体所有制的形式来发展经济。我国实行改革开放政策以来，不仅对国有企业的经营管理方式进行了多方面的改革，采取了多种经营方式，而且在公有制的实现形式上也进行了一些可贵的探索。例如，在国有企业的改革中，进行了公有股份制的试验；在发展集体经济中发展了农村乡镇企业，进行了股份合作制企业的试验。这些都是有益的探索，有的已经取得了较好的成效。随着改革的深入，养老基金、共同投资基金等具有公有制特征的产权组织形式出现，而且有很强的生命力。所以，公有制是在不断发展的，公有制的形式是多种多样的，应当在实践中不断探索适合我国生产力发展水平，能够促进生产力快速发展的公有制形式。

（三）要把国家的一般社会职能、经济调控职能和所有者职能分开

国家的职能可分为一般社会职能、经济调控职能和所有者职能。国家的一般社会职能，包括保卫国家安全、维护社会治安、开展外交活动、保护人类生存环境等；经济调控职能，包括控制货币发行和银行准备金、控制利率、调控供给和需求以及实施社会保障等；所有者职能，包括对属于国家的资产进行管理和委托经营，对所属或控股、参股的企业派遣相应的经营人员，取得资产收益等。国家的一般社会职能和经济调控职能是超越所有制界限的，但国家作为全民财产的所有者，只能对全民所有制企业或控股、参股的企业履行所有者的职能。

（四）要把所有者和经营者的职能分开

国家在履行所有者职能时，应当将管理和经营分开，国家通过有关的国有资产管理机构，从制定方针、政策、法律法规等方面管理国有资产，把国有资产的经营委托给国有资产经营组织或企业去进行。

（五）对国有资产实行金融化、价值化管理，促进国有资产的流动

对国有资产的管理要由实物形态的管理转变为价值形态的管理，要改变国有制企业

的封闭式经营，形成国有资产合理流动的机制，通过对小型国有企业的拍卖、企业之间的兼并合并、国有股权的转让等形式，促进国有产权的流动，将国有资金投入急需的产业，优化国有资产的配置。

第四节　现代企业经营管理活动

一、企业的含义及特点

企业是为满足社会需要并获取盈利，实行自主经营、自负盈亏、独立核算，具有法人资格，从事商品生产和经营的基本经济单位。企业有以下五个特点。

（一）企业是一个经济性组织

“经济”可理解为“经世济民”，意思是要在有限的资源条件下，使用尽可能少的投入创造尽可能多的社会财富以满足社会日益增长的物质和文化生活需要。企业作为一个经济性组织，一是表明它是一个投入—产出系统，即从事经济性活动，具体表现为生产性和营销性等方面的活动，把资源按照用户的需要转变成为可被接受的产品与服务。二是它追求经济性的目标，即在经营企业的过程中实现“产出 / 投入”之比的最大化。

具体而言，企业不同于行政事业单位或福利性机构，它必须获取利润。盈利是企业创造附加价值的组成部分，也是社会对企业所生产的产品和服务能否满足社会需要的认可与报酬。在完善的市场经济体系下，企业所获得的利润报酬与其为社会所做出的贡献成正比；而不获利或亏损的企业则可认为是在占用、浪费、损害社会资源，将很难继续存在。企业的经济性或获利性还意味着政府税收的增加与国民的福利、公益事业的发展，以及企业自身的扩大再生产、职工生活水平的不断提高。对于当今绝大多数的企业来说，经济性不仅是一种要求，它往往被认为是企业行动的最高且唯一的目的，即要实现利润的最大化。

（二）企业是一个社会性单位

企业不仅是经济组织，也是社会组织，而且在现代社会中，企业的社会性功能已不单纯地从属于其经济性功能，不能简单地反映为“取之于社会，用之于社会”的道义方面的要求，现代企业已是一个向社会全面开放的系统，它所承担的社会责任与政治责任有时甚至会对其经济性行为产生决定性影响。所以，企业概念中的“为满足社会需要”不仅指满足用户、市场的需要，还包括了满足企业股东和一切经营及其结果的“相关者”的需要，这些相关者都在不同方面、不同程度上与企业发生着联系，影响、帮助或制约着企业的行为，形成了企业经营的社会环境。应当注意到，企业社会性的责任和功能有时与其经济性的责任、目的之间会形成矛盾，结果往往是迫使企业在经济性方面妥协。企业的社会性要求其管理者不仅要有经济头脑，还必须会解决社会、政治问题。

（三）企业是一个独立法人

这是指企业具有自己的独立财产与组织机构，能以自己的名义进行民事活动并承担责任，享有民事权利与义务。企业的法人特点要求其需依据法定程序建立组织，如必须在政府部门登记注册，应有专门的名称、固定的工作地与组织章程，具有独立的财产，实行独立核算，能够充分独立对外自主经营，等等。同时，作为法人，企业也只对“有限”的自身负法律责任，如企业的行为并不殃及其员工，企业资产的清算仅对法人的注册资金与负债有效，并不涉及出资人的其他财产问题。因此，独立法人的经理、厂长是法人代表，应该对自身的权利有充分认识，同时也应对要负的责任有明确的了解。

（四）企业是一个高效的经营系统

除独立法人的自主权利与责任所要求的自主行为之外，由于企业是在市场中运作，面对的是各种需求、有限的机会、优胜劣汰的竞争，因此经营决策不仅应有有效性，还必须强调行动高效率，这也是要求企业对其经营要有充分的自主性，不应受到其他方面的直接干预。同时，对于企业经营者来说，自主经营除行动的自主性外，还意味着与自主经营所相对应的“自觉”负责，包括自负盈亏、自我积累、自我发展和自我制约，这些都是所有权与经营权分离之后，企业经营管理承担的义务。为了利用好自主经营使企业得以长期、稳定地发展，管理者还必须为此建立一个科学管理的企业经营系统，其中包括有效的企业组织与领导体制、高效率运作的经营决策机制。

（五）企业是一个历史发展的产物

企业并不是从来就有的，它是商品经济发展的产物，也标志着生产力发展的一定水平。在奴隶社会和封建社会中，主要的经济形态是自给自足的自然经济，当时以家庭和手工艺业作坊为基础的自给自足的生产组织形式都不能称为企业。只有当商品交换发展到一定程度，尤其是中间商介入了生产与交换之间时，才开始产生了最原始的企业组织。随着工业革命和大机器生产的推行，掌握着市场、原料和大量流动资金的中间商开始直接进行生产性投资。这时的企业就是以第一次工业革命为基础的工厂生产制企业。由此可见，企业自诞生那天起就背负着“希望与罪恶”，它既代表着新的生产方式，是社会化生产的开始，意味着生产效率与管理效率的不断提高，创新、创造活动的空前活跃；同时，企业的功利取向使经营者能够在方法合理的情况下，追求利润最大化。

二、企业的职能活动

企业的职能活动是指企业为了实现其目标所必须进行的各种功能性行动，既表示活动的有效性，也表示活动的功能属性。企业具体的职能活动有以下六种。

（一）营销性活动

营销性活动包括认识市场和用户的需求特性，并根据企业的特长进行产品、定价、分销、促销及公共关系建立与服务方面的决策，以沟通外界需求与内部能力，使企业系统的经营能够以市场为导向，并使产品、服务能有效抵达用户。

（二）生产性活动

生产性活动包括将市场信息与用户需要按工艺要求转化为物质形态的产品或能够满足需要的服务过程，使市场信息和企业营销愿望能够真正变为可供用户消费的实物或服务。

（三）技术性活动

技术性活动包括进行产品或经营对象及其生产方法或经营方法方面的研究与开发，使企业有能力保持经营对象及方法上的先进性，继而塑造出企业整体的市场竞争优势。技术性职能对经营对象而言与营销性职能类似，但侧重于对市场潜在需求的开发；而对经营方法而言则与生产性职能类似，但比其更广泛，不仅涉及生产工艺方法，还要对整个企业的经营方法进行研究与开发。

（四）财务性活动

财务性活动是指对企业全部资产的经营性活动，包括各种资金的筹措、分配、运用，对负债、股本、利润的管理，以使企业的经营能够在正常的资金条件下进行，并使企业的财务结构合理、经济效益提高、出资者的利益得以保护。

（五）会计性活动

会计性活动包括对企业的经营活动及其财务状态进行统计、记载、整理、汇总、分析，以提供组织的财务性资料，帮助不同的人，如业主、债权人、投资者、政府、员工、金融机构等进行分析决策。会计本身偏重于对财务性活动的记录；而财务性活动是对以资金为表现形式的全部资本进行的经营。

（六）管理性活动

管理性活动是指通过计划、组织、领导、激励与控制等手段，对企业以上各职能性活动以及所使用的各类资源进行协调，以期达到企业的经营目的。所以管理性活动是一种综合性的职能，其核心是在目标基础上进行各种活动的协调。

企业的以上六种职能性活动是完成企业使命、达成企业目标的基本活动，从本质上说，是缺一不可的。但是，这六项活动并不是同等重要的，它们之间的关系反映了经营企业的机制问题。一般来说，前五项企业运营性活动的次序不能颠倒，其相互关系紧密联系。即企业应该以市场为基础，以营销性活动为先导，以生产性活动或创造性活动为核心，在其他各项活动的支持下达到企业的目标。任何一个企业生存成长的前提一定要符合社会和市场的需要，因此，企业营销性活动，尤其是发现市场需求、了解顾客愿望的活动，应该是任何一个企业全部经营活动的起点，营销系统就像人体的感觉器官把握着行动的方向、目标，指挥着最有效的反应。企业营销的目的本质是为了实现企业的创造性职能，即生产，它是企业创造价值的核心部门，就像人体的骨骼、肌肉、运动系统实现着劳动、创造的职能。技术性活动关系企业的长期生存问题，就像人类的生殖系统，不仅担负着繁衍的任务，而且还需要承担着优选、进化的使命。财务性活动供给着企业运转所需要的血液、养分，谋划着养料提取的途径以及营养配方、消化方式等。会计性活动监视、反映着企业的运作状态，如同人体免疫系统起着反映、控制、自动抵御外界干扰的作用。而管理性活动就像人体的大脑思维与神经指挥系统一样，把各子系统的职能加以集成、协调，纳入统一的目标之下进行有条不紊的工作。

第五节　企业管理的概念、特点及基本职能

一、企业管理的概念与特点

（一）企业管理的概念

管理作为一种人类的实践活动是伴随着人类历史而产生、发展的，但作为一门系统的学科，其建立却是在工业化的20世纪初，而且迄今为止，“管理”一词也还没有一个统一的可被大多数人都接受的定义，原因是不同的人在不同的层次、以不同的角度对待管理工作，自然对管理的认识、总结也就不同。

一般来说，管理可定义为：通过计划、组织、领导、激励、控制等环节协调好组织的各项运营性活动与资源，以期达到组织目标的过程。在这一定义中表明了管理以下三个方面的含义。

（1）管理作为一个过程，是通过计划、组织、领导、激励、控制等职能加以实现的，它也表明管理的基本职能与管理者的工作内容。

（2）管理的对象是组织的各项业务性活动及其所使用的资源，包括人力、财力、

物力、时间、信息等，即组织在使用资源的过程中，通过业务性和管理性的活动以实现其经济性。

（3）管理的目的在于达到组织的目标，这是其有效性的规定，至于管理过程中对效率、经济性目标的追求，是在有效性确定的基础上进一步完善的过程。组织的管理性活动与其他运营性业务活动有很大的差异，它的核心是进行一种综合协调。

（二）企业管理的特点

本书中指的管理，即一般的企业管理，它的特点如表 1-1 所示。

表 1–1　管理的特点

管理内容	特点
1. 管理的科学性	管理是一门科学，因为它具有科学的特点，即客观规律性、真理性、实践指导性、系统性和可发展性、完善性
2. 管理的艺术性	管理的理论、方法、原则的应用具有艺术性，这种艺术性主要指管理的技巧和根据管理对象、环境而有效应变的技艺。此外，艺术性也指领导者的感召力，使员工能够感受到领导者所要表达的目标、准则、期望
3. 管理的综合性	管理是渗透在业务活动之中实现的，由于管理的对象、过程、目的诸要素都很复杂，管理者仅掌握单一方面的知识与技能是远远不够的，管理者既需要有管理素质，也需要有业务基础，还需要有处理人际关系的能力
4. 管理的不精确性	管理在已知条件完全一致的情况下有可能产生截然相反的结果，即投入资源相同而产出却可能不同，说明管理系统非线性，其中存在着很多无法预知的因素，或不可能确切表示的因素，这是该系统的“本性状态”
5. 管理的系统性	管理是通过系统实施并实现的。在管理系统中，它尊重一般系统的规律性。管理的任务也可认为是进行一种管理系统的决策，即分析—设计—运行
6. 管理的二重性	管理既具有与生产力相联系的自然属性，如质量管理、库存管理、技术管理等，不带有意识形态的色彩，完全可以借鉴先进国家的发展成果。也具有与生产关系相联系的社会属性，如组织管理、战略管理、人力资源管理、企业文化管理等，带有较强的意识形态的色彩，需要企业自主创新和长期积累。这两种属性两位一体，不能分开

二、企业管理的基本职能

对于企业管理的职能，目前国内外尚有不同的看法和学派，列举如下。

（1）四种职能学派：计划、组织、领导、控制。

（2）五种职能学派：① 计划、组织、指挥、协调、控制；② 计划、组织、领导、激励、控制；③ 决策、计划、组织、领导、控制。

根据这些管理职能的内容，可以看出其内容基本大同小异，并无本质的区别。例如，领导职能，可以涵盖指挥、协调、激励等内容。下面主要介绍计划、组织、领导、控制四种职能。

（一）计划职能

1．计划的概念及分类

计划是企业内部管理职能中最基本的一个职能，它所涉及的问题是要在未来的各种行为过程中做出抉择，也就是预先决定做什么、如何做和由谁去做。计划职能是为了实现组织已定的决策目标，而对整体目标进行分解，并组织人力、财力、物力，拟定实施步骤、方法和制定相应的策略、政策等一系列管理活动。

按不同的分类标准，计划可以有不同的分类，具体如下。

（1）按计划所涉及的时间及期限，可将计划分为长期计划、中期计划和短期计划。

长期计划是指计划期限在3~5年以上的计划，一般又称为战略性计划。短期计划是指计划期限短于1年的计划，又称为战术性计划。计划期限介于两者之间的计划，通常称为中期计划。

（2）按计划所涉及的工作，可将计划分为生产计划、销售计划、财务计划、人事计划等。

（3）按计划的广度和范围，可将计划分为政策、程序和方法。这种分类法不仅可以使人们确定计划的广度，也可以使人们知道发起计划的组织级别和计划在组织内被利用的范围大小。公司的政策在应用范围方面很广泛，它规定必要的并为公司董事会或执行委员会所认可的活动范围，往往由组织的最高阶层制定，并且它具有相对的稳定性。程序只是在部门之间或部门内部适用，它不像政策那样会影响整个组织机构。它一般都起源并应用于组织内部的一个部门，但对组织内部的其他相关部门有着一定的影响。方法一般应用于一定的作业部门内部，被认为是为完成一定任务所必须执行的各种作业方法及先后次序的一种计划，并主要用于指导个人的行为。

（4）按计划内容，可将计划分为专项计划和综合计划两种。专项计划是指为完成某一特定任务而拟订的计划。综合计划是指对组织活动所做的整体安排。

（5）按计划内容的表现形式，可将计划分为宗旨、目标、策略、政策、程序、规划、预算等几种类型。宗旨是指明确组织从事什么样的事业，是什么性质的组织；目标是组织在一定时期内要达到的具体成果；策略是指为实现组织目标而采取的一系列措施、手段或技巧；政策是指在决策或处理重要问题时，用来指导和沟通思想与行动方针的明文规定；程序是如何处理那些重复发生的问题的方法和步骤；规划是指为实现既定目标、策略、政策等而制定的较长期的安排；预算是为实现计划的财务安排，如成本预算、销售费用预算、广告预算等。

2. 计划在管理中的作用

计划作为管理工作的一项基本职能，在管理活动中起着重要的作用。

（1）计划明确了组织要实现的目标

一个管理组织之所以能生存下去，就是为了通过分工和协作来达成一定的组织目标。通过计划能使组织的行为瞄准一定的目标，还能预测到哪些行为会导致组织最终目标的实现，哪些行为会导致背离组织目标。计划工作就是通过一系列的预测及事先安排来协调组织的行动，实现组织的目标。

（2）计划是管理活动的纲领

计划是其他管理职能的基础，是一切管理活动的纲领。在现代社会里，任何一个工程、一项任务，其过程往往都比较复杂，劳动分工精细，专业化协作关系紧密，要使这样一个复杂的工作能很好地组织起来并保证其正常地进行，必须有统一严密的计划作为其共同行动的纲领。

（3）计划是控制的标准

计划与控制是管理工作中不可分割的两项工作。制订计划就是为了很好地进行控制。没有计划的行动，不能向控制活动提供控制的依据，控制活动就无法很好地进行，组织也无法保证其行动的正确性，这必然会影响组织目标的实现。

3. 计划的一般程序

计划工作必须紧紧围绕着两个基本问题：一是拟实现哪些目标；二是如何实现所制定的目标。只有围绕这两个问题，完整的计划工作程序才能顺利展开。

（1）描述、理解、沟通组织的使命和宗旨

计划工作过程起源于组织的使命和宗旨。这里存在两种情况：一是组织并不存在明确的使命和宗旨，界定并描述组织的使命和宗旨便成为计划工作的重要内容，新创办的组织、处于重大变革时期的组织往往属于这种情况；二是如果已存在明确的组织使命和宗旨，还需要正确地理解组织的使命和宗旨，并将其贯彻到计划的制订与实施工作中。在正确理解组织的使命和宗旨的基础上，还要把组织的使命和宗旨传播给组织成员、顾客及各相关利益群体，使与计划的制订和实施工作有关的人员了解并接受组织的使命和宗旨，这将十分有利于计划的快速实施和竞争优势的营造。

（2）评估组织的当前状况

计划工作的一个重要的工作环节是对组织的当前状况做出评估，这是制订和实施计划工作方案的前提。从大的方面看，当前状况的评估工作要对组织自身的优势和劣势、外部环境的机会和威胁进行综合分析。当然，对于那些局部作业性质的计划工作，往往并不需要特别复杂和综合的内外部环境分析。但即使如此，也要对内部资源与外部关系做出基本的判断。分析内部资源，主要应考虑组织的财务状况、员工技能、技术水平，以及那些能反映组织当前工作状况的信息资料。分析内部资源可以了解组织目前的优势和劣势。与此同时，还应分析组织的外部关系，如与供应者之间的关系、与顾客之间的关系、与银行等公共群体之间的关系等。分析外部关系可从中得出计划工作必须予以关注的潜在机会和限制因素。

（3）制订计划目标

分析了组织的现状之后，就要回答“往何处去”这一问题，即要确定目标。目标是组织期望达到的最终结果。一个组织在同一时期可能有多个目标，但任何一个目标都应包括以下内容。

1）明确的主题，如是扩大利润、提高顾客的满意度，还是改进产品质量等。

2）期望达到的数量或水平，如销售数量、管理培训的内容等。

3）可用于测量计划实施情况的指标，如销售额、接受管理培训的人数等。

4）明确的时间期限，即要求在什么样的时间范围内完成目标。

（4）估量现状与目标之间的差距

组织的将来状况与现状之间必然存在着差距，客观地度量这种差距，并设法缩小这种差距，是计划工作的重要任务。

一般来说，缩小现状与目标之间的差距可采取两类措施：一类是不打破现状，在现状的基础上力求改进，随着时间的推移不断地逼近目标。例如，针对市场占有率低的现状，可以通过加大广告开支和营销力度、降低产品价格等措施，实现企业扩大市场占有率的目标，这类措施风险相对小。另一类是变革现状，有时甚至是对组织进行根本性的调整，如调整组织结构、大幅度精减人员等。这类措施风险相对大，但如果成功，组织绩效将会得到明显的改进。具体采用哪一类措施，需要对现状与目标之间的差距做出客观而准确的分析。

（5）预测未来情况

在计划实施过程中，组织内外部环境都可能发生变化。如果能够及时预测内外部环境的可能变化，对制订和实施计划来说将十分有利。所以，计划工作人员应设法预见计划在未来实施时所处的环境，对影响既定计划实施的诸环境要素进行预测，在此基础上，设计可行的计划方案。所谓预测，就是根据过去和现在的资料，运用各种方法和技术，对影响组织工作活动的未来环境做出正确的估计和判断。预测有两种：一种预测是计划工作的前提，如对未来经营条件、销售量和环境变化所进行的预测；另一种预测是从既定的现行计划出发对将来的期望，如对一项新投资所做的关于支出和收入的预测。预测的方法多种多样，主要有两大类：一是定性预测方法，主要靠人们的经验和分析判断能力进行预测，如德尔菲法等；二是定量预测方法，就是根据已有的数据和资料，通过数学计算和运用计量模型进行预测，如时间序列分析、回归分析等。这些方法往往具有较强的专业技术特征，而且复杂程度不同，所以应当有选择地加以运用。

（6）制订计划方案

在上述各阶段任务完成之后，接下来应制订具体的计划方案。计划方案类似于行动路线图，是指挥和协调组织活动的工作文件，要清楚地告诉人们做什么、何时做、由谁做、何处做以及如何做等问题。制订计划方案包括提出方案、比较方案、选择方案等工作。

计划是面向未来的管理活动，未来是不确定的，因此，在制订计划方案的同时，还应该制订应急计划（或称为权变计划），即事先估计计划实施过程中可能出现的问题，预先制订备选方案（有时甚至是几套备选方案），这样可以加大计划工作的弹性，使之更好地适应未来环境。

（7）实施计划方案

选择、制订好计划方案之后，很多人认为计划工作就完成了。但是，如果不能将之转化为实际行动和业绩，再好的计划也没有用。因此，实施全面计划管理的组织，应把实施计划作为组织的中心工作，组织中的计划部门应负责并协调计划的实施过程，了解和检查计划的实施情况，与计划实施部门共同分析问题、采取对策，确保计划目标的顺利实施，在紧急情况发生时制订应急计划。当然，大部分组织的计划部门还要承担具体实施计划的任务，但是，参与实施计划，及时获取有关计划实施情况的信息，总结和积累经验，这将有助于计划的实施和计划工作科学化水平的提高。

（8）实施结果的评估

定期对计划实施结果进行评估，有助于领导和组织全面了解计划执行的情况、存在的问题以及需要改进的方向。实施结果的评估是以部门为单位，采用图表的形式进行定量化评估，将各部门的结果汇总，形成评估报告，得出本期计划执行的效果，并指出本期计划的不足和需要改进的地方，促使企业计划水平不断提高。

（二）组织职能

1．组织的含义

企业组织理论是管理科学的一个重要组成部分。从历史上看，“组织”与“管理”曾被看成同义词，因此，从某种意义上说，管理理论首先是从组织理论的研究开始而逐步发展形成的。

组织，一般泛指各种各样的社会组织或事业单位，如企业、机关、学校、医院、工会等。美国管理学家切斯特•巴纳德认为，由于生理的、心理的、物质的、社会的限制，人们为了达到个人的和共同的目标，就必须合作，于是形成群体，即组织。经过长期研究，学者对于组织有以下三种定义。

（1）组织结构论

古典管理学派认为，组织是为了达到某些特定目标，经由分工与协作及不同层次的权力和责任制度而构成的人的集合。这个定义有以下三层意思。

1）组织必须具有目标。因为任何组织都是为目标存在的，无论这个目标是明确的还是隐含的，目标是组织存在的前提。例如，企业的目标是为社会提供满足人们需要的产品或服务，并获取利润。

2）为了达到目标，使工作有效率，组织内的各种活动和人员必须分工协作。

3）要分工协作，组织必须设置不同层次的权力与责任制度，它用来反映上下级之间的一种关系。下级有向上级报告自己工作绩效的义务或责任；上级有对下级的工作进行必要指导的责任。

德国社会学家马克斯·韦伯是对组织设计的发展有深远影响的学者之一，被管理学界称为“组织理论之父”。韦伯认为，一个组织系统应该是“层峰结构”，即“金字塔形”的结构。

（2）组织行为论

社会系统学派巴纳德提出：“组织是两人或两人以上有意识加以协调的活动或效力系统。”这里强调的是组织成员的协调或协作，更适用于组织的运行分析。

（3）组织系统论

系统学派提出：“组织是开放的社会系统，具有许多相互影响、共同工作的子系统，当一个子系统发生变化时，必然影响其他子系统和整个系统的工作。”这种定义把组织内的部门和成员看成有机联系、互相作用的子系统。从作用上分，可以包括传感子系统、信息子系统、决策子系统、加工子系统等；从组织上分，可以包括决策子系统、管理子系统、执行子系统、操作子系统等。组织系统论更适用于组织变革分析。

（4）权变理论

权变理论认为，一个组织是由各个子系统组成的系统，并从环境的分界来划出轮廓，要尽量了解各个子系统内部及其各个子系统之间的关系，以及组织和环境之间的关系，并尽量明确各个变量的关系和结构模式。它强调组织变化无常的性质，并且也注重了解组织在不同条件下和在特定条件下如何运转。

不同的工业需要不同的组织结构。由于受外部环境制约，凡是有特定的目标、稳定的环境、严密的界限、常规技术和雇佣人员、追求可靠性的地方，比较机械的组织是有效的；凡是目标比较模糊不清，有动态环境，并必须有革新的地方，有机形式的组织可能更适当。

应该指出的是，世上并没有一种适应一切组织的结构。无论是哪一种组织体系理论，哪一种组织形态，现代管理组织都要充分发挥个人的智慧来创造整体的成就。所以不但要注意内部规律化的交互作用，并且要注意环境的适应。现代管理组织就是一种系统结构，不但要注意功能系统，充分发挥人的结合力量，同时要注意人机系统，以及社会的、经济的、技术的各种系统的相互影响。

在管理学中，“组织”可以从静态与动态两个方面来理解。从静态方面看，组织是指组织结构，即反映人、职位、任务以及它们之间的特定关系的网络。这一网络可以把分工的范围、程度、相互之间的协调配合关系、各自的任务和职责等用部门和层次的方式确定下来，成为组织的框架体系，如工厂、机关、学校、医院、各级政府部门、各个层次的经济实体、各个党派和政治团体等，这些都是组织。从动态方面看，组织是指维持与变革组织结构，以完成组织目标的过程。通过组织机构的建立与变革，将生产经营活动的各个要素、各个环节，从时间上、空间上科学地组织起来，使每个成员都能接受领导、协调行动，从而产生新的、大于个人和各集体功能简单加入的整体职能。因此，组织职能包括三个方面的内容：一是组织的结构；二是组织的行为；三是组织的变革。

2. 组织的性质及构成

（1）组织的性质

组织的性质是由组织本身所决定的，或者说是由组织的构成要素所决定的，组织的性质同时也反映了组织的构成要素，可以通过了解组织的性质了解组织的构成要素。从人的认识过程来说，也是先了解组织的外在性质，然后才能进一步去研究组织的内在构成要素。在系统科学研究中，人们从各个方面描述了系统的具体特征，例如整体性、统一性、结构性、功能性、层次性、动态性和目的性等。其中，整体性、目的性是系统最普遍、最本质的特征。组织也是系统，因此，所有组织，无论是社会组织还是生物组织都具有整体性、目的性这两个主要特征。

（2）组织的构成

根据组织表现出的性质，可以把组织的构成要素确定为组织环境、组织目的、管理主体和管理客体。这四个基本要素相互结合，相互作用，共同构成一个完整的组织。

1）组织环境。组织环境是组织的必要构成要素。组织是一个开放系统，组织内部各层级、部门之间和组织与组织之间，每时每刻都在交流信息。任何组织都处于一定的环境中，并与环境发生着物质、能量或信息交换关系，脱离一定环境的组织是不存在的。组织是在不断与外界交流信息的过程中得到发展和壮大的。所有管理者都必须高度重视环境因素，必须在不同程度上考虑外部环境，如经济的、技术的、社会的、政治的和伦理的等，使组织的内外要素互相协调。

2）组织目的。组织目的也是一个组织的要素。所谓组织目的，就是组织所有者的共同愿望，是得到组织所有成员认同的。任何一个组织都有其存在的目的，建立一个组织，首先必须有目的，然后建立组织的目标，如果没有目的，组织就不可能建立。已有的组织如果失去了目的，这个组织也就名存实亡，失去了存在的必要。企业组织的目的就是向社会提供用户满意的商品和服务，从而为企业获得尽量多的利润。

3）管理主体和管理客体。组织组成要素应当是相互作用的，或者说是耦合的。在组织中，这两个相互作用的要素是管理主体和管理客体。管理主体是指具有一定管理能力，拥有相应的权威和责任，从事现实管理活动的人或机构，也就是通常所说的管理者。管理客体是管理过程中在组织中所能预测、协调和控制的对象。

管理主体与管理客体之间的相互联系和相互作用构成了组织系统及其运动，这种联系和作用是通过组织这一形式而发生的。管理主体相当于组织的施控系统，管理客体相当于组织的受控系统。组织是管理主体与管理客体依据一定的规律相互结合，具有特定功能和统一目标的有序系统。在管理的过程中，管理主体领导管理客体，管理客体实现组织的目的，而管理客体对管理主体又有反作用，管理主体根据管理客体对组织目的的完成情况，调整管理主体的行为。它们通过这样的相互作用形成了耦合系统，从而更好地实现组织的目的。

（三）领导职能

1．领导

领导是管理工作的一个重要方面。卓越的领导能力是成为一个有效的管理者的重要条件之一。也就是说，一个好的管理者首先应是一个有效的领导者。因此，在这里领导就是一种通过指挥和协调个人活动，使之与整个群体利益相一致的行为。由此可见，领导活动包括三个基本要素，即领导者、被领导者以及两者结合的作用对象。

（1）领导者

领导者是领导活动的主导因素。从广义上讲，凡是率领或引导组织成员朝一定目标前进的人都是领导者；从狭义上讲，领导者是指由一定组织正式委任，具有一定职权，负有相应责任和代表群体利益的人。领导者意味着权力、责任和服务三者的统一。领导者服务越高，权力越大，责任也就越大。

（2）被领导者

被领导者是领导者与作用对象的中介环节，可分为绝对被领导者和相对被领导者。绝对被领导者是指在社会组织中不担任任何领导职务的人；相对被领导者是指担任一定领导职务的被领导者。

（3）作用对象

作用对象，即客观环境，是领导活动中不可缺少的因素。领导活动就是把已认识和尚未认识的客观环境转化为已进入领导活动的那部分客观环境的过程。

领导活动是以上三个要素相互作用、相互结合的表现形式，也正是由此形成了领导活动的一般规律，即通过沟通、激励和运用科学领导方法实行有效领导。

2．沟通

（1）沟通的概念

沟通就是信息的交流，是信息由发出者到达接收者并为接收者所理解的过程。沟通既是社会心理学、行为科学及管理心理学的研究课题，也是现代管理学研究的内容。

一个有效的领导者需要必要的信息去履行其领导职能和开展管理活动，而信息的获取必须通过沟通来实现。因此，沟通就成为领导者实现其领导职能的一种手段。

（2）沟通的过程

沟通是使有组织的活动统一起来，使目标得以实现的手段。一个沟通过程包括信息的发出、传递、接收、反馈四个环节。沟通过程是一个双向传递的过程。

1）信息发出者。沟通开始于信息发出者。信息发出者或者是领导者，或者是被领导者。信息发出者是沟通的发起人。信息在发出时，要求发出者以接收方理解的方式对信息进行编码后再传送。只有这样，信息接收者收到信息后才能解码、反馈。

2）传递渠道。信息在传递过程中，要借助某种传递渠道作为媒介，如电话、书信等方式。有时可使用两种或更多种渠道，如用电话联系的两个人达成一项协议后，再用函件的形式加以确认。另外，不同的媒介各有利弊，因此在多种选择的情况下，正确选择渠道是极为重要的。

3）信息接收者。信息接收者就是沟通的对象，可能是领导者，也可能是被领导者，信息接收者必须注意接收信息，才能正确理解信息发出者的思想。否则，信息接收者不太注意或者根本就没有接收信息的话，就会增加沟通失误的可能性。

4）反馈。信息从发出者传到接收者，只完成了沟通的一个方面，即接收者的反馈信息还没有传递到发出者。这样，信息发出者就不会了解信息接收者的状态，如接收是否准确、是否受到干扰、是否存在错误解码等。这些都会妨碍沟通。因此，反馈是沟通过程中不可缺少的一个必要环节。

（3）沟通的类型

1）正式沟通。正式沟通一般指在组织系统内，依据组织明文规定的原则进行的信息传递与交流。

① 正式沟通有下向沟通、上向沟通、横向沟通、斜向沟通等几种方式。斜向沟通是发生在组织内部不同系统、不同层次的人员之间的沟通，对组织中的其他正式沟通渠道会起到一定的补充作用。

② 沟通网络是指组织的沟通信息纵横流动所形成的各种形态。常见的沟通网络一般有五种形态，即链式沟通、环式沟通、Y 式沟通、轮式沟通和全通道式沟通。

- 链式沟通：容易失真。
- 环式沟通：组织的集中化程度较低，组织成员具有比较一致的满意度。
- Y 式沟通：集中化程度高，除中心人员外，组织成员的平均满意程度较低。
- 轮式沟通：集中化程度高，解决问题的速度快。
- 全通道式沟通：组织成员的平均满意程度高且差异小，因此士气高昂，但易造成混乱，且又费时，影响工作效率。

2）非正式沟通。非正式沟通和正式沟通不同，它的沟通对象、时间及内容等都是未经计划和难以辨别的。在相当程度上，非正式沟通的出现也是出于决策对于信息的需要。非正式沟通较正式沟通具有较大的弹性，它可以是横向流向或斜向流向，一般也比较迅速。

3．激励

激励就是引发和促进人们去进行某种特定行为的活动。管理激励是指管理者运用某种方法与途径，使组织成员能够为达到组织目标而积极行动、努力工作的活动过程。因此，就管理者而言，激励呈现出一种由管理者所实施，意在引发、维持、促进人们进行为管理者所预期的行为的管理活动过程。激励的方法要根据激励因素确定，通常有工作成就感、身份、权力欲、竞争压力、金钱等。

（1）工作成就感

工作成就感是一个人成功的欲望。工作中的挑战越大，工作成就感就越大。因此，人们必须知道他们工作的职责范围，必须相信他们正在做的工作所具有的价值。只有这样，人们的这一需要才容易得到满足。

（2）身份

身份也就是一个人的地位。它包括称号、头衔、提升以及诸如办公室的规格、职位任命等。

（3）权力欲

权力欲即达到领导地位的强烈愿望。每一个职工潜意识中均有这一需要。这是在被领导的情况下所形成的下属与领导相比较的心态。人们总希望自己在同辈中成为一个领导人。出于这一原因，可以允许职工参与管理。这样做不仅可以激励职工，还可以为企业成功提供有价值的建议。

（4）竞争压力

竞争充满了社会的各个方面，从日用品的促销到管理人员的选拔均存在竞争，通过竞争促使优胜劣汰。因此，谁都有被淘汰出局的可能。每个人都想在竞争中获胜，因此这一因素也就是一个激励因素。

（5）金钱

在大多数场合，金钱不仅是钱，通常还是其他激励因素的一种反映。作为一种激励因素，金钱主要表现为劳动报酬，即主要是通过劳动换来的。金钱之所以能激励人们，是因为金钱是人们达到最低生活水平的重要手段。也就是说，当人们对金钱的需要已不再那么迫切时，金钱也就不再是一种激励因素，而只是一种保健因素，即维持一个组织机构配备足够人员的一种手段。

总之，激励取决于领导方式和管理实践，反过来又影响领导方式和管理实践。领导者如果要设计一个人们乐意在其中工作的环境，必须对个人的激励做出反应，即采取相应的激励方法。同时，各个激励因素之间不是独立和分隔的。因此，在采用相应的激励方法时，要综合考虑，分清主次。

4. 领导者素质

领导者素质是实现领导目标的主观要素。在领导活动中，领导者处于主导地位，领导者素质的高低，对保证领导目标的实现和领导效能的提高起着决定性作用。

领导者素质是指领导者在一定时间、空间条件下实施领导的知识、才能、品格、精神、观念、气质、体魄等诸方面因素的总和。领导者素质的主要内容有知识素质、能力素质、品格素质和精神素质等。

（1）知识素质

知识素质是领导者不可缺少的重要素质。简言之，知识素质就是领导者的真才实学，具体包括深厚的基本理论知识、娴熟的专业管理知识、广博的科学文化知识等。

（2）能力素质

能力素质是领导者素质的核心，是领导者把主观意图转化为客观现实的转换器。良好的能力素质主要包括统筹全局的洞察能力、权衡利弊的决断能力、周密严谨的组织能力、善于沟通的协调能力和适时调整的应变能力等。

（3）品格素质

品格素质是领导素质中的重要素质之一，主要包括高度的事业心、秉公办事的原则性、谦让客人的气量以及以身作则、严于律己的自制力等。

（4）精神素质

精神素质是领导素质的又一重要素质，它是领导者取得成功的催化剂。良好的精神素质包括勤奋不息的好学精神、进取不息的创新精神、执着不渝的求实精神和坚韧不拔的顽强精神等。

（四）控制职能

1. 控制的基本内容

控制是组织在动态的环境中为了实现既定的目标而进行的检查和纠偏活动或过程。控制是保证管理目标实现的一项职能。管理的任务在于保证计划目标的实现，而管理的动态性决定了在计划执行过程中，由于各种因素的干扰，实际往往偏离了计划。控制的职能就在于及时发现实际活动偏离计划的情况、原因和责任，并及时加以纠正，使计划的执行与计划的要求相一致。因此，控制工作就是尽量使实际符合于计划。其中，纠正偏差的措施可能是一些简单的措施，只是使实际偏差校正为计划要求的状态，但也可能导致确立新的目标，提出新的计划。

管理控制与计划、组织及领导密切联系在一起，共同形成管理工作循环系统，它们都是管理的职能。只要存在管理工作，这种循环就会反复运行，而每一次循环的完成都把管理工作推向一个新的高度。其中，管理计划是控制的标准和依据，而控制是计划实施过程中的保证；管理组织和领导是控制得以进行的前提条件，而控制工作又是组织和领导的主要任务。

2．控制的类型

（1）按照控制活动的性质分类

按照控制活动的性质，可将控制分为预防性控制与更正性控制。

1）预防性控制是避免产生错误，或尽量减少更正活动的控制类型。例如，人人知法、懂法，就可以在很大程度上减少由于不知法、不懂法而导致的违法行为的发生。因此，国家强调法制，制定法令法规，并大力宣传普及，这就是预防性控制措施。一般来说，像规章制度、工作程序、人员训练等都起着预防性控制的作用。

2）更正性控制的目的在于当出现偏差时，使行为或实施进程返回到预先确定的或所希望的水平。例如，定期对企业及各类组织进行财务审计，有助于及时发现问题，解决问题。

（2）按照整个组织控制活动的来源分类

按照整个组织控制活动的来源，可将控制分为正式组织控制、群体控制与自我控制。

1）正式组织控制是由管理人员设计和建立起一些机构或规定来进行控制。像规划、预算和审计部门是正式组织控制的典型例子。组织通过规划指导组织成员的活动，通过预算来控制经费使用，通过审计来检查各部门或个人是否按照规定进行活动，并提出更正措施。

2）群体控制是基于群体成员的价值观念和行为准则，由非正式组织发展和维持的。非正式组织有自己的一套行为规范，其成员都知道遵循这些规范或是违反这些规范的利害。例如，建议一个新来的职工把产量限制在一个群体可接受的水平，就是在企业管理中经常遇到的群体控制事例。群体控制在某种程度上左右着组织成员的行为，处理得好，有利于达成组织目标；处理不好，将会给组织带来很大危害。

3）自我控制是组织成员有意识地按某一行为规范进行活动，也称为个人自我控制。例如，一个职工不把集体的财物据为己有，是由于他具有诚实、廉洁的品质，而不单单是怕被抓住而受惩罚。这是有意识的个人自我控制。自我控制能力取决于个人本身素质，具有良好修养的人一般自我控制能力较强。

上述正式组织控制、群体控制和自我控制措施的采用取决于组织对其成员的教育和吸引力，或者说取决于组织文化。有效的管理控制系统应该综合利用这三种控制措施。

（3）按照控制活动的重点分类

按照控制活动的重点，可将控制分为预先控制、现场控制和反馈控制。

1）预先控制是面向未来的控制，又称为前馈控制，是指在做出决策和计划时，预先为实施计划做好充分的准备工作，尽量减少实施中的偏差。这种预先控制正是决策中的预测工作，也正是预测的实质，即控制。在管理控制中，只有在管理者能够预先对即将出现的偏差有所察觉并及时采取措施时，才能实现有效控制。

2）现场控制又称为事中控制、适时控制，是指在实施计划的过程中，充分体现管理控制的那一部分工作。现场控制通常包括确立标准、搜集信息、衡量成败和纠正偏差等内容，是一种运用较多的控制方法。搞好现场控制，有利于提高效率，及时纠正偏差，较好地保证计划的实施，从而实现有效控制的目标。现场控制也是最基本的控制方式。

3）反馈控制又称为过后行为控制或事后控制，是指在行动和任务完成之后，用实际结果与原计划标准进行比较，作为将来工作的借鉴，并采取相应措施加以纠正和改进。这一控制方式是以管理作为一个系统，把计划的完成情况反馈到决策阶段，为下一个系统循环的运行制定新的目标，包括在计划完成时存在的问题、偏差情况、原因等，从而达到逐步控制、改进的目的。因此，这种控制方式也是决策的一部分，可以为决策提供依据，并进行信息反馈，是有效控制不可缺少的一个环节。

（4）按照组织控制所使用的手段分类

按照组织控制所使用的手段，可将控制分为直接控制与间接控制。

1）直接控制，从字面理解，是指通过控制者与被控制者直接接触进行控制的形式。在现代经济管理活动中，人们把直接控制理解为通过行政手段进行的控制。由于行政命令往往比较简单、直观，因此在实际的经济管理活动中需要考虑到其应用范围界限，否则直接控制可能起到不好的效果。

2）间接控制，从字面理解，是指控制者与被控制者之间并不直接接触，而是通过中间媒介进行控制的形式。在现代经济管理活动中，人们习惯于把利用经济杠杆进行控制称为间接控制。经济杠杆主要有税收、信贷、价格等经济措施或经济政策。在企业内部将奖金与绩效挂钩的分配政策，运用思想政治工作手段形成良好风气，都可以有效地控制人们的行为，这都属于间接控制。

此外，从对控制客体的作用方式的角度，还可以将控制分为外加控制和自我控制。外加控制是被动的，控制由管理者发出而作用在控制客体上，因而称为外加控制。自我控制则不同，控制的客体和主体具有同一性，因而这种控制是主动控制。主动控制能更好地把握计划的执行情况，对发生的偏差能迅速采取相应的措施纠正，而不致使偏差扩大、蔓延，所以，这是一种有效的控制方法。管理者所追求的正是有效的自我控制。

3. 控制程序

控制程序是指控制工作过程的先后顺序。无论控制方式如何，基本控制程序都包括三个步骤：① 确立标准；② 衡量执行情况；③ 纠正实际执行情况与计划的偏差。

（1）确立标准

前面我们谈到计划是控制工作必须依据的标准，因此确立标准，首先就是制订计划。只有制订了计划，控制才有了依据。同时，由于不同计划的详尽程度和复杂程度各不相同，管理者不可能注意到每一件与计划相背离的事件，因此除计划外，还应确立具体的标准和规范来加以约束，用来对工作成果进行计量、考核，从而纳入管理的正常体系中，作为管理控制的一种手段。

（2）衡量执行情况

衡量实际执行情况要以标准为依据，最好的办法是使差错在实际发生之前就被发现，并及时采取措施加以纠正。当然，在实际工作中，这一点不一定总能办到。因此，应尽早公开标准和已发生的偏差情况，以便下一步加以纠正。在这里，衡量绩效不是等计划执行完成以后，再将实际执行情况与计划进行比较，而是用计划和各种标准、规范来约束执行，使偏差消失在控制之前。

（3）纠正实际执行情况与计划的偏差

纠正实际执行情况与计划的偏差是控制工作的中心环节，不进行偏差的纠正，控制过程就不能算完成。纠正偏差通常有两种情况：一种情况是积极偏差的纠正，即偏差是正向的，工作业绩比标准还要好。在这种情况下，首先需要纠正标准，对以往的标准进行修改，使技术进步成为标准制定的主要依据，其次才是工作努力程度。只有这样的标准才能反映工作成效，才能成为控制的标准。另一种情况是消极偏差的纠正，即偏差是负向的，也就是工作业绩没有达到标准要求。在这种情况下，管理者可以重新制订计划或修改目标来对偏差加以纠正，即纠正标准；也可以运用组织职能，通过明确职责或重新指派人员来加以纠正；还可以通过更好的指导和有效的领导来纠正。由此可见，纠正偏差作为控制过程中的中心环节，与其他管理职能交错重叠在一起。这也正说明了管理的各项职能是统一的，管理过程是一个完整的系统。以上三个环节就构成了控制的三部曲。

第二章　企业战略管理理论

第一节　企业战略管理概述

一、企业战略的概念、特点及应解决的问题

（一）企业战略的概念

“战略”作为一个军事概念，已是相当古老的事了。但是，“战略”一词被运用于经济和社会领域，还是一个新颖的概念。“战略”一词与企业联系在一起并得到广泛应用的时间并不长，最初出现在西方经营学者巴纳德的《经理人员的职能》一书中，以说明企业组织决策机制，从企业的各种要素中产生了“战略”因素的构想。企业战略得到广泛的应用是以 1965 年美国经济学家安索夫的著作《公司战略》的问世，并广泛应用于企业、经济、教育和科研等领域后开始的。

什么是企业战略？在西方战略管理文献中没有一个统一的定义，不同的学者与管理人员赋予企业战略以不同的含义。有的人认为企业战略应包括企业的目的与目标，即广义的企业战略；有的人则认为企业战略不应包括这一内容，即狭义的企业战略。

企业战略是一个企业对外部环境充分把握，清楚认识自身的业务能力和可利用资源，在此基础上做出的关于企业未来定位、走向和结构的谋略与规划。战略的制定过程是对环境变迁的反应，是企业把握环境机遇，避免环境变化带来的威胁的趋利避害，寻求企业成长的过程。

通过对企业战略的分析，应该理解：企业生存的理由在于企业能够提供消费者所需要的产品与服务，而不是即使做得很好，但消费者已经不再需要的产品与服务。我们生活在一个技术飞速发展，社会生活方式、需求结构与消费结构都在不停变化的时代。企业必须不断改变自己，动态地去适应时代的变革，把事情做好。

（二）企业战略的特点

1．质变性

企业战略是战略管理者在把握外部环境本质或根本性变化的基础上做出的方向性决策。它不是企业对环境变化的应急反应，也不是以各种经济指标或财务数据为基础的逻辑推理的产物，而是对企业经营活动做出的具有质变性的决策，其目的是要创造未来。

2．全局性

企业战略是对企业各项经营活动整体的规划。它是以企业的全局为研究对象来确定企业的总体目标，规定企业的总行动，追求企业的总效益。它不是各项活动的简单汇总，而是在综合平衡的基础上，确定优先发展的项目，权衡风险的大小，实现企业整体结构和效益的优化。这是企业战略的基本特征。

3．方向性

企业战略规定着企业未来一定时期内的基本方向，企业短期的经营活动都应在这一基本方向的指导下进行，并对战略的实施提供保证。企业战略不是对经营活动或外部环境短期波动做出的反应，也不是对日常经营活动（如产量、质量、生产成本、竞争者的价格等）做出的反应。战略关心的是“船只航行的方向，而不是眼下遇到的波浪”。

4．竞争性

企业战略的核心内容之一是要变革自身的经营结构，形成差别优势，以奠定未来竞争的基础。同时，企业战略不仅具有主动适应未来环境变化的功能，还具有改造未来环境的功能。在这方面能力越强，未来的竞争能力也就越强，即战略具有创造性和革新性。

5．稳定性

依照科学程序制定的企业战略，一般不便轻易调整。对于战略实施过程中出现的多种不确定因素，一般只通过调整具体的战术或策略来解决。

（三）企业战略应解决的问题

1．发展方向

发展方向是指由企业宗旨或使命所决定的，未来的产品结构和目标市场的发展方向，也称为企业未来的经营范围或经营领域。经营领域就是企业的生产领域和市场领域的组合。其中，市场领域可以是整体市场，也可以是细分市场，如图 2-1 所示。

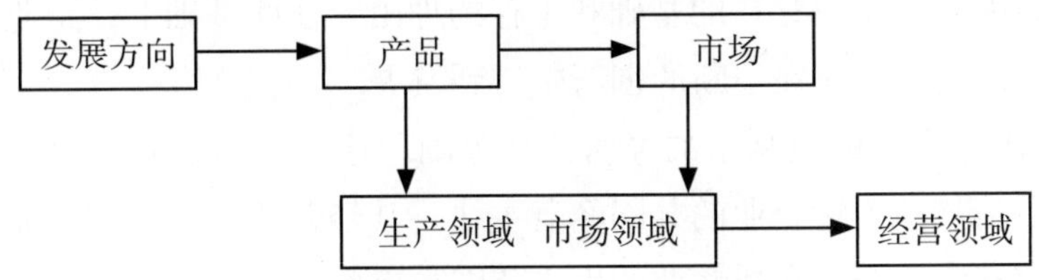

图 2–1 企业的发展方向与经营领域

2．经营结构

经营结构是指由企业的使命和经营领域所决定的各种资源和能力的配置状况。它可分为软结构和硬结构两类。前者指企业的价值观念、经营思想、企业文化、公共关系等的组合；后者指企业的各种经济资源结构、生产技术结构和组织结构。所以，经营结构实质上反映了企业在一定价值观念和经营思想的指导下，围绕所从事的经营领域采取的资源配置状况。

从以上两个方面，也可以把企业战略理解为：企业根据环境和竞争形势的变化，做出的关于企业未来所要从事的经营领域及投入这些领域的方式和强度的决策与行动的总称。

二、企业战略的构成要素

（一）企业的使命和目标

每个企业从建立开始，就应该承担相应的责任并履行相应的使命。企业使命是指企业区别于其他类型组织而存在的原因或目的，它不是企业经营活动具体结果的表述，而是为企业提供一种原则、方向和哲学。

1．企业使命

企业使命（或称为企业宗旨）是关于企业存在的目的或对社会发展的某一方面应做出的贡献的陈述。它不仅要陈述企业未来的任务，而且要阐明为什么要完成这些任务，以及完成任务的行为规范是什么。尽管企业使命的陈述在各个企业中是千差万别的，但它必须要回答两个基本问题：一是我们这个企业是做什么和按什么原则做的；二是我们这个企业应该树立什么样的社会形象，以区别于同类企业。

企业使命的陈述应包括以下三个方面的基本内容。

（1）企业形成和存在的根本目的。这一内容提出了企业的价值观念，即企业的基本责任和期望在某方面对社会的贡献。企业生存目的的定位应该说明企业要满足顾客的某种需求。决定企业经营什么的是顾客，只有顾客愿意购买企业的产品，企业才能将资源变为财富。只有顾客对产品及其价值的看法才决定企业经营什么、生产什么及企业的前途。顾客所购买的并不是产品本身，而是产品所提供的效用，这种效用能满足他们的某种需要，所以顾客是企业存在的基础和生存的理由。在此基础上，企业才能不断地开发新技术和新产品，使企业在不断的创新中得到发展。

（2）为实现基本目的应从事的经营活动范围。这一内容说明企业属于什么特定行业和领域。为了清楚地表达企业的共同经营主线，其经营活动范围常常需要分行业进行描述。这一内容规定着企业在战略期的生产范围和市场。

（3）企业在经营活动中的基本行为规范和原则。这一内容阐明企业的经营思想，它主要是通过企业对外界环境和内部条件的认识和态度来体现的。对外包括企业处理与顾客、社区、政府等关系的指导思想；对内包括企业对其投资者、员工及其他资源的基本观念。一般来说，企业的这种经营哲学与经营观念由于受文化的影响，具有较大的共性；同时，不同国家的企业在管理理念上也表现出明显的差异性。

在实践过程中，很多企业家和学者将企业使命的陈述看成企业战略的重要组成部分。这是因为：首先，它可以明确提出企业的价值标准，确保企业内部对企业的目的和实现目的的行动达成共识。其次，为企业战略管理者确定战略目标、选择战略、制定政策、有效利用资源等提供方向性的指导。企业的目的是一个无时间限制的、永恒的方向性概念，而目标则是一定期限内应达到的水平。最后，据此可树立区别于其他企业的企业形象，因为它反映了企业处理自身与各方面关系的观点和态度。

2．企业目标

企业目标是企业战略构成的基本内容，主要表明企业在实现其使命过程中所要达到的长期结果。由于它涉及企业长期的、整体的发展及应达到的水平，所以比起近期经营目标更为全面、复杂。为了保证实现企业的长期基本目标，必然要求企业在产品、市场及内部经营结构和生产率等方面都应达到相应的水平。

（二）经营范围

经营范围是指企业从事生产经营活动的范围，是产品领域和市场领域的集合，所以又称为经营领域。它反映了企业与外部环境相互作用的程度。企业应该根据自己所处的行业、自己的产品和市场来确定自己的经营范围，只有产品与市场相结合，才能真正形成企业的经营业务。

确定或描述企业的经营领域一般有三种形式：从生产的产品的角度进行描述；从进入的市场的角度进行描述；从生产的产品和进入的市场相结合的角度进行描述。

确定企业的经营范围，应当反映企业任务或战略意图。所以，应解决以下三个方面的问题：企业应从事何种业务？企业应集中于何种顾客需求或细分市场？企业的长期战略意图是什么？

（三）竞争优势

竞争优势是指企业在所从事的经营领域中与竞争对手相比较时，强于竞争对手的市场地位。寻求和确立企业在各领域中起主导作用的重点，创造相对优势，并通过重点集中产生放大效应，形成可持续发展的局面，这就要求战略管理者要仔细考察和分析企业每一项经营业务的市场机会，以及与竞争对手相比所拥有的独特能力。这里，具体应考虑以下几个方面的问题：企业如何达到期望的目标增长水平？能否通过扩展现有重点业务达到期望的增长水平？能否通过使业务多样化达到将来的增长目标？

（四）资源配置

从经济学的观点来看，资源是有限的或短缺的，而需求则是无限的。从宏观上看，资源配置是指社会在不同的部门和企业之间，以经济有效运行为原则所进行的社会资源的分配与组合，并对经济资源要素在各种可能的生产用途之间做出合理的选择，以获得最佳效益的过程。资源的有效性和需求的无限性，是人类社会发展中面临的最直接的问题。

企业的资源配置是指企业根据战略期所从事的经营领域，以及确立竞争优势的要求，对其所掌握的各种经济资源在质和量上的分配。其目的是形成战略所需要的经营结构或战略体系。具体来说，应考虑以下问题：企业如何在各业务（领域）之间分配其有限的资源，以获取最高的回报？就每项业务的各种可能选择战略而言，哪种战略能带来最大的投资回报？如何有效地解决资源短缺问题？

（五）增长向量

增长向量说明企业的成长方向，主要表明企业从原有产品与市场组合向未来产品与市场组合移动的方向，如表 2-1 所示。

表 2–1　企业增长的向量矩阵

	原有产品	相关产品	全新产品
原有市场	市场渗透	产品发展	产品革新
相关市场	市场开拓	多元化	产品发明
全新市场	市场转移	市场创作	创新发展

企业根据所处环境与自身实力的分析判断，可以选取表中九个发展方向中的任意一个。在表 2-1 中，既有在一个行业发展的方向，也有跨行业甚至多个行业发展的方向，越偏向右下方，难度和风险越大，但是其发展速度可能越快。

（六）协同作用

协同作用是指企业各经营领域之间联合作用所产生的整体效果大于各自单独进行时效果之和的效应，即整体大于部分之和的效应。

协同作用是衡量企业新产品与市场项目的一种变量。如果企业的共同经营主线是进攻型的，该项目就应该运用企业最重要的要素，如销售网络、技术等；如果企业的共同经营主线是防御型的，该新项目则要提供企业所缺少的关键要素。同时，协同作用在选择多元化经营战略上，也是一个关键变量，它可以使各种经营领域形成一种内在的凝聚力。

综合起来看，以上六个企业战略构成要素更深层的意义还在于企业应考虑如何寻求获利能力。企业使命指明了企业发展的方向；经营范围确定了企业获利能力的范围；竞争优势指出了企业获取机会的特征；资源配置确定了企业各种经济资源的合理配置；增长向量指出了企业经营领域扩展的方向；利用协同作用来挖掘企业总体获利能力的潜力，它们之间相辅相成，共同构成企业战略的内核。

三、企业战略的层次

对于一个典型的现代企业，其战略一般包括公司总体战略、经营单位战略（事业部战略）和职能战略。相应地，企业战略管理也可以划分为公司总体战略管理、经营单位（事业部）战略管理和职能战略管理三个层次，如图 2-2 所示。

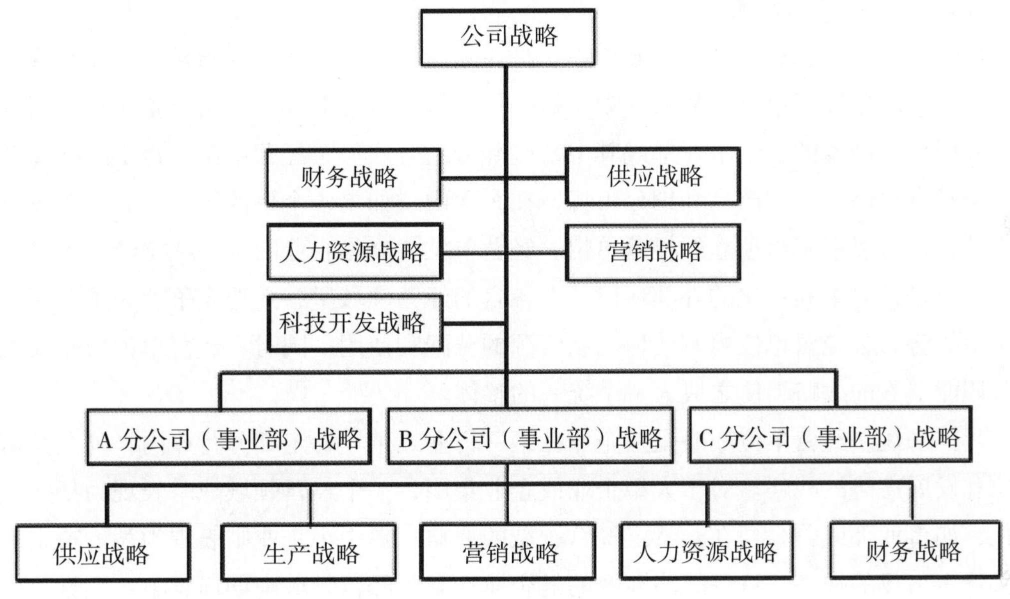

图 2-2　企业战略管理层次

（一）公司总体战略

公司总体战略的研究对象是一个由相对独立的业务或战略经营单位组合而成的整体。这一层次的战略是一个企业整体战略的总纲，是企业最高管理层指导和控制企业一切行为的最高纲领，其主要内容包括企业战略决策的一系列最基本的因素，是企业存在的基本逻辑关系或基本原因。

概括起来说，公司总体战略主要强调两个方面的问题：一是回答“我们应该做什么业务”，即确定企业的使命与任务，明晰企业的产品与市场领域，以及企业经营活动的范围和重点；二是回答“我们怎样去发展这些业务”，即在企业不同的战略经营单位之间如何配置企业有限的资源，以及确定什么样的成长方向。

从企业战略管理的角度来说，公司总体战略主要表现在以下几个方面：企业使命的确定，即企业最适合从事哪些业务领域，为哪些消费者服务，企业向何种经营领域发展，战略经营单位的划分及战略事业的发展规划；关键战略经营单位的战略目标。

公司总体战略主要是回答公司应该在哪些经营领域里进行生产经营活动的问题。因此，从战略的构成要素来看，企业使命、经营范围和资源配置是总体战略中的主要构成要素。竞争优势和协同作用则因企业不同而需要进行具体分析。在生产相关产品的多元化经营的企业里，竞争优势和协同作用很重要，它们主要是解决企业内部各产品的相关性和如何在市场上进行竞争的问题。在多个行业联合的大企业里，竞争优势和协同作用相对来说不是很重要，因为企业中各经营业务之间存在一定的协调性，可以共同形成整体优势。

（二）经营单位战略

经营单位战略也称为经营领域战略，是在总体性的公司战略的指导下，经营管理某一个特定的战略经营单位的战略计划，是公司总体战略之下的子战略。企业在组织上把具有共同战略因素的若干事业部或其中某些部分组合成一个经营单位，每个战略经营单位一般都有自己独立的产品和细分市场。在企业内，如果各个事业部的产品和市场具有特殊性，也可以视其为独立的经营单位。经营单位战略是企业的某一特定经营领域的战略，主要是针对不断变化的外部环境，在各自的经营领域里有效地竞争。为了保证企业的竞争优势，各经营单位要有效地控制资源的分配和使用；同时，经营单位战略还要协调各职能层次的战略，使之成为一个统一的整体。

具体来说，经营单位战略是指企业在某一行业或某一特定细分行业内，确立其市场地位和发展态势的战略。对于大型企业或企业集团，一个经营领域战略表现为某一战略单位，如事业部或分公司在其特定经营领域的战略；在中小企业则表现为某一特定产品在其特定市场的战略。这一战略涉及的是企业在某一经营领域中如何竞争、在竞争中扮演什么样的角色，以及各战略经营单位如何有效地利用企业分配的资源等问题。

从战略管理的角度看，经营单位战略应解决好以下问题：如何贯彻企业使命；各经营领域发展的外部环境中的机会与威胁分析；各经营领域的内部条件分析，以便认识自身的优势与劣势；战略目标的制定；明确各经营领域的战略重点、战略阶段和主要战略措施。

（三）职能战略

职能战略是公司总体战略和经营单位战略在各专业职能方面的具体化，它是企业内部主要职能部门的短期战略计划。职能战略可以使各职能部门的管理人员更加清楚地认识到本职能部门在实施企业总体战略中的责任和要求，使笼统的战略内容更加明确化，以指导各项具体的业务决策，有效地运用研究开发、营销、生产、财务、人力资源等方面的经营职能，为实施公司总体战略和经营单位战略服务。这一层次的战略重点是提高企业资源的利用效率，使企业资源的利用效率最大化。职能层次的战略可分为营销战略、人力资源战略、财务战略、供应战略、生产战略、科技开发战略等。

从战略管理的角度看，职能战略应着力解决以下问题：如何贯彻企业发展的总体目标，职能目标的论证及细分，确定其战略重点、战略阶段和主要战略措施，战略实施中的风险分析和应变能力分析。

从实施意义上讲，只有在对各专业职能充分探讨的基础上制定出职能战略，公司总体战略才得以形成。因为它既涉及在各专业经营职能之间如何形成战略体系，也涉及各职能如何利用所分配的资源及其利用的效果，来保证战略的实施。所以，职能战略若不明确，公司战略就会仅仅是一个空中楼阁。

通过表2-2中对战略管理的三个层次特点比较，可以概括地认识三个战略层次的特点。

表2-2 战略管理的三个层次特点比较

比较内容	战略层次		
	公司总体战略	经营单位战略	职能战略
管理要素	产品与市场领域成长方向	竞争优势	协同效应
管理者	高层	中层	基层
性质	观念型	中间型	执行型
明确程度	抽象	中间	确切
可衡量程度	以判断评价为主	半定量化	通常可定量
频率	定期或不定期	定期或不定期	定期
所起作用	开创型	中等	改善增补型
与现状的差	大	中	小
承担的风险	较大	中等	较小

四、战略管理的产生

从投入产出要素的角度，可以将企业管理划分为生产管理阶段、经营管理阶段和战略管理阶段。

（一）生产管理阶段

在生产管理阶段，突出的特征是现场管理，即只考虑如何高效率地生产。这一阶段企业管理的核心问题是如何提高生产效率，提高产量，降低成本。企业一般以较为单一的产品来满足市场的需要，整个市场的需求基本上是被动的，消费者没有太大的选择余地。

（二）经营管理阶段

在经营管理阶段，其特征表现为：经营管理基本上还停留在缺乏大目标的追求效率与效益的阶段上，而追求短期、局部利益的现象较为严重。

这一阶段企业管理的重点是从投入产出的角度考虑问题，分析和研究市场需求，并在此基础上确定企业的产品线。

（三）战略管理阶段

一个企业能否成功，是看其能否灵活地运用战略管理，将各种资源变成社会所需要的产品和服务。特别是随着社会经济的发展，对现代企业的要求越来越高，这也对企业的经营管理提出了更高的要求。

现代企业的特征主要有以下五个方面：企业的规模日益壮大，管理层次越来越多，管理幅度也越来越大；企业与社会的联系程度更加紧密，企业所承担的社会责任也不断提高；企业发展已由一业为主向多元化经营发展；企业竞争已从本地化、国内化过渡到了国际化、全球化；企业所面临的环境更加复杂多变，多因素的影响大大胜于单一因素的作用，而且每一因素的变化节奏明显加快。

由此可见,战略管理的产生有着深刻的社会和历史根源及经济发展方面的迫切要求。战略管理时代的到来有其自身的必然性，正是由于各种要素的综合作用，战略管理得到了巨大的发展。若从企业投入产出要素进行分析，管理的发展过程可用图 2-3 简单地表示。

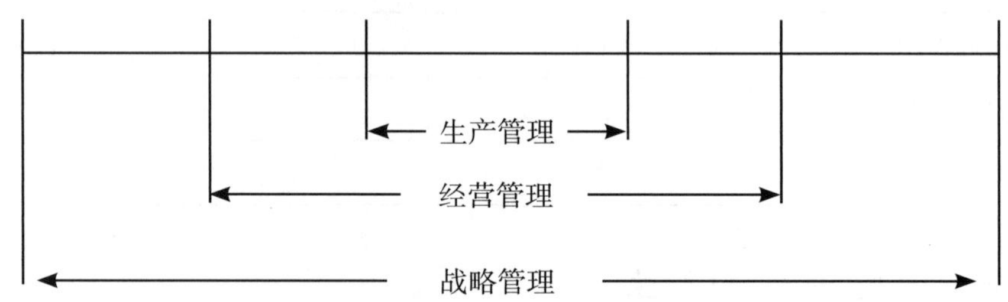

图 2–3　管理的发展过程

战略管理的产生是社会经济发展的必然。由于企业经营环境的不确定性和复杂性，企业为了生存与发展，必须对周围的各项要素及未来的投入与产出进行分析。这样，战略管理生。

战略管理与经营管理的主要区别可概括为：同样面对变化的环境条件，经营管理更偏重于依据原有的资源配置经验和产出方面的经验来适应外部环境的变化；而战略管理则更偏重于通过没有现成经验可依据的未来投入和产出的组织管理，一方面使企业适应环境的变化，另一方面创造和改造环境。

五、企业战略管理过程

企业战略管理是依据企业外部环境与内部条件的变化，制定战略和实施战略，并根据执行情况的评价和反馈来调整、制定新战略的过程。

战略管理的基本思路有以下四个方面：① 分析环境，认清优势和劣势，并提出战略问题，了解企业所处的环境和竞争地位；② 制定战略，根据对企业内外条件的分析，确定宗旨、目标和政策，具体从经营领域、竞争优势、经营结构等方面进行战略规划，并对可行的战略方案进行评价和选择；③ 战略实施，即采取一定的步骤、措施，发挥战略的指导作用，实现预期的战略目标，并完善战略实施的计划体系，从战略实施的组织结构上进行保证；④ 战略的评价与控制，进行战略的评价与控制，并将信息反馈到以前的各阶段。

第二节　企业战略环境分析

一、宏观环境分析

构成企业宏观环境的因素很多。宏观环境因素分析主要是确认和评价政治、经济、社会文化、科技等因素对企业战略目标和战略选择的影响。

（一）政治环境因素分析

政治环境因素是指对企业经营活动具有现实的或潜在的作用与影响的政治力量、政治制度、体制、方针政策，同时也包括对企业经营活动加以限制和要求的法律和法规等。这些因素常常制约、影响企业的经营行为，尤其是影响企业较长期的投资行为。

1. 政治环境因素分析的内容

具体来说，政治环境因素包括以下内容。

（1）企业所在地区和国家的政局稳定状况。

（2）执政党所要推行的基本政策的连续性和稳定性。政府通过各种法律、政策以保护消费者，保护环境，调整产业结构，引导投资方向。

（3）政府对企业行为的影响。作为供应者，政府拥有无法比拟的自然资源、土地和国家储备等，它的决定与偏好极大地影响着一些企业的战略；作为购买者，政府很容易培育、维持、增强、消除许多市场机会。

（4）法律对企业的影响。法律是政府用来管理企业的一种手段。一些政治行为对企业行为有直接的影响。一般来说，政府主要是通过制定法律和法规来间接影响企业的活动。法律制度对企业的管理行为有着不同的要求。针对企业管理的法律政策很多，这些法律政策的主要目的有四个：一是反对不正当竞争，保护企业利益；二是反对不正当商业活动，保护消费者权益；三是保护社会整体利益不受损害；四是促进整个社会经济全面发展。

（5）各种政治利益集团对企业活动产生影响。一方面，这些集团会通过代表来发挥自己的影响，政府的决策会去适应这些力量；另一方面，这些团体也可以对企业施加影响，如诉诸法律、利用传播媒介等。因此，企业必须花费时间、财力与各种利益集团。

此外，政治环境因素中还包括国际政治形势及其变化，主要包括国际政治形势、国际关系、目标国的国内政治环境等。对一个开放的国家来说，国际政治形势的影响是显而易见的。

2．政治环境因素对企业影响的特点

政治环境因素直接影响着某些商品的生产和销售，对企业的影响具有刚性约束的特征，是保障企业生产经营活动的基本条件。

（二）经济环境因素分析

经济环境因素是指一个国家或地区的经济制度、经济结构、物质资源状况、经济发展水平、消费结构与消费水平以及未来的发展趋势等状况。经济环境对企业生产经营的影响更为直接具体。

1．企业的经济环境的构成

企业的经济环境主要由社会经济结构、经济发展水平、经济体制、经济政策、社会购买力、消费者收入水平和支出模式、消费者储蓄和信贷等要素构成。

（1）社会经济结构是指国民经济中不同的经济成分、不同的产业部门以及社会再生产各方面在组成国民经济整体时相互的适应性、量的比例及排列关联的状况。社会经济结构主要包括产业结构、分配结构、交换结构、消费结构、技术结构等五个方面，其中最重要的是产业结构。

（2）经济发展水平是指一个国家经济发展的规模、速度和所达到的水准。反映一个国家经济发展水平的常用指标有国民生产总值、国民收入、人均国民收入、经济发展速度和经济增长速度。

（3）经济体制是指国家经济组织的形式。经济体制规定了国家与企业、企业与企业、企业与各经济部门的关系，并通过一定的管理手段和方法调控或影响社会经济流动的范围、内容和方式等。

（4）经济政策是指国家、政党制定的一定时期国家经济发展目标实现的战略和策略。它包括综合性的全国经济发展战略和产业政策、国民收入分配政策、价格政策、物资流通政策、金融货币政策、劳动工资政策和对外贸易政策等。

（5）社会购买力是指一定时期内社会各方面用于购买产品的货币支付能力。国民收入的使用主要是由消费和积累两部分构成。其中，消费部分又分为个人消费和社会消费。前者形成居民购买力；后者形成社会集团购买力。市场规模归根结底取决于购买力的大小。调查社会购买力水平，要注意国家经济政策和分配政策带来的居民购买力的变化和不同地区居民货币收入的变动情况。

（6）消费者支出模式最终取决于消费者的收入水平。随着消费者人均收入的增加，消费者用于购买食品方面的支出比重会有所下降，而用于服装、交通、娱乐、卫生保健等方面的支出比重会上升。调查消费者支出模式，除要考虑消费者收入水平外，还要考虑不同国家、地区的生活习惯、价值观念以及家庭生命周期的不同阶段等因素。

（7）消费者储蓄的最终目的是为了消费，它来源于消费者货币收入。但在一定时期内，消费者储蓄水平直接影响消费者的本期货币支出和潜在购买力水平。所以消费者储蓄的增减变动会引起市场需求规模和结构的变动，从而对企业的营销活动产生影响。调查消费者储蓄情况，应注意政策变动、利率变动、通货膨胀水平等因素的影响。

2. 反映宏观经济运行状况的指标

宏观经济运行状况可通过一系列的指标来反映，如经济增长率、利息率、就业水平、物价水平、通货膨胀率、汇率、国际收支情况等。

（1）经济增长率。这是宏观经济环境的基础，在此，企业主要应当了解国民经济目前处于什么阶段，是产业结构调整时期、经济低速增长时期，还是高速增长时期，并具体分析有关的经济指标，如国民生产总值、国民收入、国家预算收入的水平及其分配的状况等。一般来说，国民生产总值增长速度较快，居民用于个人消费的支出相应增加，从而提供了开辟新市场或开办新企业的机遇。反之，居民个人消费会有所减少，不利于企业的增长。

（2）利息率。利息率对企业的影响可从两个角度来看：一方面，利息率直接影响企业的销售市场状况。较低的长期利息率对零售业十分有利，因为它意味着鼓励居民的短期消费；而较高的长期利息率对建筑业或汽车制造业有利，因为它鼓励居民购买长期耐用消费品。另一方面，利息率还会直接影响企业的战略抉择。一般来说，利息率低有利于企业实施兼并战略，利息率高则不利于企业采用积极进取的增长战略。

（3）通货膨胀率。对大多数企业而言，较高的通货膨胀率是一个不利因素，高通货膨胀率导致了企业经营的各种成本（如购买原料费用、劳务费用、工资等）相应增加。同时，长期的通货膨胀率既抑制企业的发展，又会促使政府采取放慢增长速度的紧缩政策，导致整个宏观经济环境不利于某些企业发展。较高的通货膨胀率对某些企业也可能是一种机遇。

（4）汇率。汇率是一国货币购买力的表现形式。在国际市场上，它直接影响企业成本，并进而影响企业国际战略的制定。一般而言，如果本国货币购买力较高，企业将乐意购买外国的产品与原材料，或到外国投资，开办独资企业或合营企业。反之，如果本国货币购买力较低，则会降低企业到海外投资、贸易或开发新市场的热情。

另外，经济环境因素中还包括：居民收入因素，这可进一步细分为名义收入、实际收入、可支配收入以及可随意支配收入等；消费者支出模式和生活费用；经济体制；金融体制等。

企业的经济环境因素分析就是要对以上的各个要素进行分析，运用各种指标准确地分析宏观经济环境对企业的影响，从而制定正确的企业经营战略。

（三）社会文化环境因素分析

社会文化环境包括价值观、生活方式、文化传统、社会发展趋向、社会各阶层对企业的期望和人口因素等方面。这些因素是人类在长期的生活和成长过程中逐渐形成的，人们总是自觉或不自觉地接受这些准则。

1．文化传统

文化传统是一个国家或地区在较长历史时期内所形成的一种社会习惯，它是影响人们活动的一个重要因素。文化环境对企业的影响是间接的、潜在的和持久的。文化的基本要素包括哲学、宗教、语言文字、文学艺术等。它们共同构筑成文化系统，对企业文化有重大的影响。哲学是文化的核心部分，在整个文化中起着主导作用；宗教作为文化的一个侧面，在长期发展过程中与传统文化有着密切的联系；语言文字和文学艺术是文化的具体表现，是社会现实生活的反映，它对企业职工的心理、人生观、价值观、性格、道德及审美观点的影响及导向是不容忽视的。

2．价值观

价值观是指社会公众评价各种行为的观念标准。不同的国家和地区，其价值观是不同的。例如，西方国家价值观的核心是个人的能力与事业心；东方国家价值观的核心是强调集体利益，日本、韩国等国的企业注重内部关系的融洽、协调与合作，形成了东方企业自己的高效率模式。

3．社会发展趋向

近年来，社会环境方面的变化日趋显著。这些变化打破了传统习惯，使人们重新审视自己的信仰、追求和生活方式，影响着人们对穿着款式、消费倾向、业余爱好以及对产品与服务的需求，从而使企业面临着严峻的挑战。现代社会发展的倾向之一，就是人们对物质生活的要求越来越高。一方面，人们已从“重义轻利”转向注重功利、注重实惠，产品的更新换代日益加速，无止境的物质需求给企业发展创造了外部条件。另一方面，随着物质水平的提高，人们产生了更加强烈的社交、自尊、信仰、求知、审美、成就等较高层次的需要。人们希望从事能够充分发挥自己才能的工作，使自己的潜力得到充分发挥。

4．社会各阶层对企业的期望

社会各阶层包括股东、董事会成员、原材料供应者、产品销售机构人员及其他与企业有关的阶层。这些阶层对企业的期望是各不相同的。例如，股东集团评价战略的标准主要是看投资回收率、股东权益增长率等；企业工作人员评价战略的标准主要是看工资收益、福利待遇及其工作环境的舒适程度等；而消费者则主要关心企业产品的价格、质量、服务态度等；至于政府机构，它们评价企业的立足点主要看企业经营活动是否符合国家的政策、法规。

5．人口因素

人口因素主要包括人口总数、年龄构成、人口分布、人口密度、教育水平、家庭状况、居住条件、死亡率、结婚率、离婚率、民族构成以及年龄发展趋势、家庭结构变化等。

人口因素对企业战略的制定有重大影响。人口总数直接影响社会生产总规模；人口的地理分布影响企业厂址的选择；人口的性别比例和年龄结构在一定程度上决定了社会需求结构，进而影响社会供给结构和企业生产结构；人口的教育文化水平直接影响着企业的人力资源状况；家庭户数及其结构的变化与耐用消费品的需求和变化趋势密切相关，因而也影响耐用消费品的生产规模。

（四）科技环境因素分析

企业的科技环境指的是企业所处的社会环境中的科技要素及与该要素直接相关的各种社会现象的集合。科学技术是最引人注目的一个因素，新技术革命的兴起影响着社会经济的各个方面。人类社会的每一次重大进步都离不开重大科技革命。企业的发展在很大程度上也受到科学技术方面因素的影响，包括新材料、新设备、新工艺等物质化的硬技术和体现新技术、新管理的思想、方式和方法等信息化的软技术。一种新技术的出现和成熟可能会导致一个新兴行业的产生。具体来说，科学技术迅猛发展给企业带来的影响表现在以下几个方面。

（1）科学技术的迅速发展使商品从适销到成熟的时间不断缩短，大部分产品的市场生命周期有明显缩短的趋势。

（2）技术贸易的比重加大。

（3）劳动密集型产业面临的压力将加大。

（4）发展中国家劳动费用低的优势在国际经济联系中将被削弱。

（5）流通方式将更加现代化。

（6）生产的增长越来越多地依赖科技的进步。

（7）对企业的领导结构及人员素质提出更高的要求。

二、微观环境分析

企业微观环境主要包括产业环境和市场环境两个方面。产业生命周期、产业结构、市场结构与竞争、市场需求状况、产业内的战略群体和成功关键因素分析都是微观环境分析的重要内容。

（一）产业生命周期

产业生命周期是指从行业出现直到行业完全退出社会经济活动所经历的时间。产业生命周期主要包括初创阶段（也称为幼稚期）、成长期、成熟期和衰退期。只有了解产业目前所处的生命周期阶段，才能决定企业在某一产业中应采取何种策略，才能进行正确的投资决策，对企业在多个产业领域的业务进行合理组合，提高整体盈利水平。

（二）产业结构

某一行业中的企业，其盈利与否及盈利大小一般取决于两个基本因素：一是所处行业的盈利潜力，又称为行业吸引力；二是其在行业中的地位。一般来说，一个行业的盈利潜力并非是由其产品外观或该产品技术含量高低所决定的，而由其内在的经济结构或竞争力所决定的。

美国哈佛大学商学院教授波特指出，一个行业的竞争远不止现有竞争对手之间的竞争，而是存在着五种基本的竞争力量——新加入者的威胁、替代品的威胁、购买商讨价还价的能力、供应商讨价还价的能力和行业内企业的竞争。这五种基本竞争力量的状况及其综合强度决定着行业的竞争激烈程度，同时也决定着该行业的盈利潜力。一个行业的经营单位，其竞争战略目标应是在此行业中找到一个位置，在这个位置上，该企业能较好地防御五种竞争力量。或者说，该企业能够对这些竞争力量施加影响，使它们有利于本企业。因此，企业在制定经营战略时，应透过现象抓本质，分析每个竞争力量的来源。对竞争力量基本来源的分析，有助于弄清企业生存的优势和劣势，有助于寻求本企业在行业中的有利地位。正因为如此，行业结构分析是制定经营战略的基础工作。

（三）市场结构与竞争

经济学家对市场结构进行了分类，即完全竞争、垄断竞争、寡头垄断和完全垄断四种市场结构，这有助于对市场竞争性质加以正确估计。

（四）市场需求状况

可以从市场需求的决定因素和需求价格弹性两个角度分析市场需求。人口、购买力和购买欲望决定着市场需求的规模，其中生产企业可以把握的因素是消费者的购买欲望，而产品的价格、差异化程度、促销手段、消费者偏好等影响着购买欲望。影响产品需求价格弹性的主要因素有产品的可替代程度、产品对消费者的重要程度、购买者在该产品上的支出占总支出的比重、购买者转换到替代品的转换成本、购买者对商品的认知程度以及对产品互补品的使用状况等。

（五）产业内的战略群体

确定产业内所有竞争对手的战略各方面的特征是产业分析的一个重要方面。一个战略群体是指某一个产业中在某一方面采取相同或相似战略的各企业组成的集团。战略群体分析有助于企业了解自己的相对战略地位和企业战略变化可能产生的竞争性影响，使企业更好地了解战略群体竞争状况，了解战略群体内企业部分的主要着眼点，预测市场变化和发展战略机会等。

（六）成功关键因素

作为企业在特定市场获得盈利必须拥有的技能和资产，成功关键因素可能是一种价格优势、一种资本结构或组合、一种纵向一体化的行业结构。不同产业的成功关键因素存在很大差异，同时随着产品生命周期的演变，成功关键因素也会发生变化，即使是同一产业中的各个企业，也可能对该产业中的关键因素有不同侧重。

三、企业内部环境分析

内部战略环境是企业内部与战略有着重要关联的因素，是企业经营的基础，是制定战略的出发点、依据和条件，是竞争的根本。企业内部环境或条件分析的目的在于掌握企业历史和目前的状况，明确企业所具有的优势和劣势。它有助于企业制定有针对性的战略，有效地利用自身资源，发挥优势，同时避免企业的劣势。企业内部环境分析的内容包括很多方面，有组织结构、价值链、核心竞争力等，这里重点探讨核心竞争力分析。

当今社会越来越多的企业把拥有核心能力作为影响企业长期竞争优势的关键因素。越来越多的人认为，如果企业有意在未来的市场上获取巨大的利润，就必须建立一种能对未来顾客所重视的价值起巨大作用的核心能力，然而在某一重要的核心能力方面建立起世界领先地位，绝不是一朝一夕可以做到的。如果企业想在未来竞争中获得成功，现在就必须着手建立企业的核心能力。许多大型的多元化经营的企业目前更注重突出优势和明确主要业务，更加重视企业的核心竞争能力的构建。在产品和市场战略被看作企业相对短暂的现象的同时，企业核心能力被认为是企业竞争优势持久的源泉。

（一）企业核心能力的概念

近些年来，越来越多的企业注重战略的研究，以保持其竞争优势。企业的战略可以分为市场战略、产品战略、技术战略等，这些职能战略最多只能获取短暂的一时优势，唯有追求核心能力才是使企业永久立于不败之地的根本战略。因此，具有活的动态性质的核心能力是企业追求的长期战略目标，是企业持续竞争优势的源泉。

核心能力，又称为核心专长、核心竞争力。根据普拉哈拉德和哈默尔的定义，核心能力是“组织中的积累性学识，特别是关于如何协调不同的生产技能和有机结合多种技术流派的学识”。其要点是核心能力的载体是企业整体，而不是企业的某个业务部门、某个行业领域；核心能力是企业过去成长过程中积累而产生的，而不是通过市场交易获得的；关键在于“协调”和“有机结合”，而不是某种可分散的技术和技能；存在形态上基本上是结构性的、隐性的，而非要素性的、显性的。

综合地说，核心能力是指企业依据自己独特的资源（资本资源、技术资源或其他方面的资源以及各种资源的综合）培育创造本企业不同于其他企业的最关键的竞争能力与优势。这种竞争能力与优势是本企业独创的，也是企业最根本、最关键的经营能力。换言之，也只有在本企业中，这种竞争能力与优势才能得到最充分的发挥。凭借这种最根本、最关键的经营能力，企业才拥有自己的市场和效益。核心能力是以知识、技术为基础的综合能力，是支持企业赖以生存和稳定发展的根基。

（二）企业核心能力的构成要素

企业核心能力是一个复杂和多元的系统，它包括以下能力。

1. 研究与开发能力（R&D）

研究与开发是指为增加知识总量，以及用这些知识去创造新的应用而进行的系统性创造活动。它包括基础研究、应用研究和技术开发三项。

基础研究主要是为获得关于现象和可观察事实的基本原理而进行的实验性或理论性工作。其作用是既能扩大人们的科学知识领域，又能为新技术的创造和发明提供理论基础。从长远发展来看，基础研究是技术开发的基础工作，同时也是科研实力的重要标的。

应用研究是为了获得新知识而进行的创造性研究，有明确的目的性，是连接基础研究和技术开发的桥梁。

技术开发是指利用从研究和实际经验中获得的知识，或从外部引进的技术、知识，生产新的材料、产品、装置，建立新的工艺和系统，以及对已生产或建立的上述工作实质性改进而进行的系统性工作。

目前，越来越多的企业重视自身的研发能力，国外一些大公司都有自己专门的研发机构。这是因为企业所需要的一些关键的、先进的技术很难从市场上买到，特别是在企业竞争异常激烈的今天，具有最先进技术的企业不会在别人具有模仿能力之前轻易放弃丰厚利润的回报。一些常用的技术就是能买到，其交易的费用也是很高的。尤其是随着科技的发展和企业竞争的需要，企业所需的技术越来越先进和复杂，其价格也很高，企业要获得技术就要支付更大的代价。再说，有的技术引进来也不是马上就能用得上，需要企业通过内部消化吸收，与本企业的生产、管理融合之后，才能取得实效。企业还需要从企业外部不断获取所需要的信息和知识，在理解和消化的基础上创新。技术知识是企业核心能力的重要组成部分，只有通过研究与开发，形成与众不同的技术和知识积累，特别是形成自己的人才积累，才能使别人难以模仿和超越。

2．创新能力

竞争和变化是绝对永恒的。一个企业要保持发展和竞争优势，就必须善于总结和提高，永远追求卓越，不断超越自我、进取和创新。所谓的创新就是根据市场和社会变化，在原来的基础上，重新整合人才、资本等资源，进行新产品研发和有效组织生产，不断创造和适应市场，实现企业既定目标的过程。创新包括技术创新、产品及工艺创新和管理创新。

企业创新的主体是决策层、技术层、中间管理层和生产一线管理层。创新能力表现为创新主体在所从事的领域中善于敏锐地观察原有事物的缺陷，准确地捕捉新事物的萌芽，提出大胆新颖的推测和设想，并进行认真周密的论证，拿出切实可行的方案付诸实施。

企业要取得核心能力，必须准确把握世界科技和市场的发展动态，制定相应的创新战略，使技术创新、管理创新、产品创新等协调展开。在以技术变化迅速和产品周期不断缩短为特征的商业竞争中，创新是保持长久竞争优势的动力源泉，创新能力是一个企业核心能力的重要组成部分。

3．将科技成果转化为生产力的能力

只有将创新意识或技术成果转化为工作方案或产品，提高效率和效益，创新和研究开发才是有价值和意义的。转化能力与企业的技术能力、管理能力有很大的关系。转化的过程即创新的过程，转化不仅需要进一步创新，还需要切实可行的方法和步骤。创新只有转化为实际效益，才是真正意义上的创新。

转化能力在实际应用中表现为其综合、移植、改造和重组的技巧与技能，即把各种技术、方法等综合起来系统化，形成一个可实施的综合方案，将其他领域中的一些可行的方法移植到本企业的管理和技术创新中，对现有的技术、设备和管理方法等进行改造，并根据企业实际和时代发展进行重新组合，形成新的方法和新的途径，达到更优的效果。

4．组织协调能力

面对激烈变化的市场，企业要有优势必须始终保持生产、经营管理各个环节、各个部门运转协调、统一、高效，特别是在创新方案、新产品、新工艺以及生产目标形成之后，要及时调动、组织企业所有资源进行有效、有序运作。

这种组织协调能力涉及企业的组织结构、企业战略目标、运行机制、企业文化等多方面。突出表现在企业有坚强的团队精神和强大的凝聚力，即个人服从组织，局部服从全局，齐心协力，积极主动，密切配合争取成功的精神，表现在能根据生产的不同阶段要求，有效组织资源，并使其在各自的位置上正常运转。

5．应变能力

应变是一种快速反应能力，它包含对客观变化的敏锐感应和对客观变化做出应对策略。客观环境时刻都在发生变化，企业决策者必须具有敏锐感应客观环境的能力，保持经营随着客观环境变化而变化。特别是竞争环境会经常出现无法预料的事件的今天，如某一国家或地区金融危机的发生、某项技术的发明、政府政策的调整等，要把这种变化对企业自身的影响减少到最低程度，企业就必须迅速、准确地拿出应变的措施和办法。应变能力表现为能审时度势、随机应变，在变化中产生应对的策略。

四、战略环境分析方法

企业战略环境分析的方法有很多，如 SWOT 分析法、外部因素评价矩阵（EFE）、内部因素评价矩阵（IFE）等都是常用的方法。这里我们仅介绍 SWOT 分析法，如图 2-4 所示。

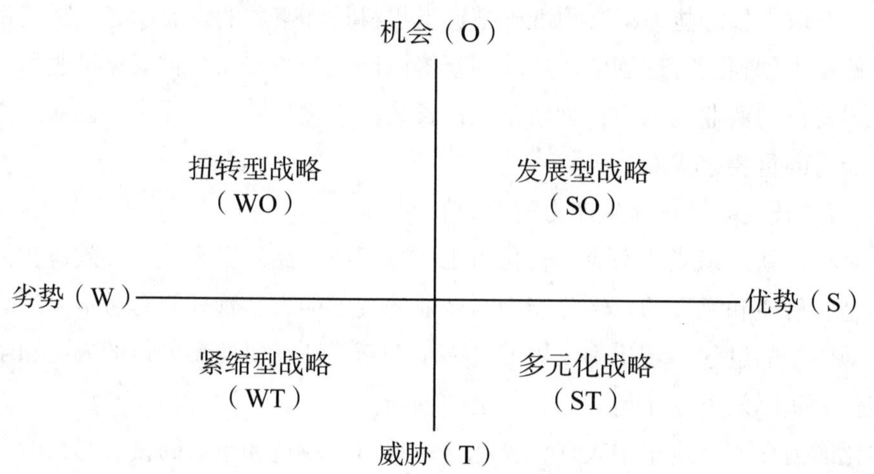

图 2-4　SWOT 分析象限

SWOT 分析法又称为态势分析法，它是 20 世纪 80 年代初被提出来的，是一种能够较客观而准确地分析和研究一个单位现实情况的方法。SWOT 四个英文字母分别代表优势（strengths）、劣势（weak-nesses）、机会（opportunities）和威胁（threats）。从整体上看，SWOT 可以分为两部分：第一部分为 SW，主要用来分析内部条件；第二部分为 OT，主要用来分析外部条件。利用这种方法可以从中找出对自己有利的、值得保持的因素，以及对自己不利的、要避开的风险，发现存在的问题，找出解决办法，并明确以后的发展方向。

在进行 SWOT 分析时，主要有以下几个步骤。

（一）分析环境因素

运用各种调查研究方法分析公司所处的各种环境因素，即外部环境因素和内部环境因素。外部环境因素包括机会因素和威胁因素，属于客观因素；内部环境因素包括优势因素和劣势因素，它们是公司在其发展中自身存在的积极和消极因素，属主观因素。如表 2-3 所示。

表 2–3　XX 公司环境因素 SWOT 分析表

项目			评价内容	分值 / 权重	总分值 / 总权重
优势	内部因素	1	公司相关人员有信心、感兴趣、热情高	1/5	15/27
		2	资金实力强	2/4	
		3	对该产品的销售前景有充分的市场调研和策划	2/5	
		4	公司管理好	4/3	
		5	有一定的客户群	2/5	
		6	可以招聘到现成的销售队伍	4/5	
劣势	内部因素	1	没有产品的销售经验	2/4	12/27
		2	对产业发展的前景预测不够	1/5	
		3	没有找到理想的广告和媒体宣传渠道	2/4	
		4	公司所处的地理位置不佳	2/5	
		5	没有非常合适的销售团队	2/4	
		6	对销售该产品的财务分析有技术问题	3/5	
机会	外部因素	1	公司和政府主管部门关系良好	2/8	16/27
		2	融资渠道多，得到多家金融机构的支持	2/3	
		3	有实力的销售伙伴愿意合作	3/6	
		4	同行业竞争者实力不足	2/3	
		5	本地区生活水平普遍提高，支付能力强	4/6	
		6	消费者对使用本产品表现出浓厚的兴趣	3/4	
威胁	外部因素	1	销售量大增后会遭到竞争对手的报复	3/5	11/27
		2	国家经济前景难以预测	3/4	
		3	竞争对手可能不断增加，抢占现有市场份额	1/7	
		4	国家和地区法规的不确定性	1/5	
		5	会受到消费者的投诉及政府和社会团体的质疑	2/4	
		6	交通工具等基础设施不能满足企业的长远发展	1/5	

（二）构造 SWOT 矩阵

将调查得出的各种因素根据轻重缓急或影响程度等排序，构造 SWOT 矩阵，如表 2-4 所示。在此过程中，将那些对公司发展有直接的、重要的、迫切的、久远的影响因素优先排列出来，而将那些间接的、次要的、不急的、短暂的影响因素排列在后面。

表 2–4　SWOT 矩阵

	优　势（S） 1 2（列出优势） 3	劣　势（W） 1 2（列出劣势） 3
机　会（O） 1 2（列出机会） 3	战　略（SO） 1 2（发挥优势，利用机会） 3	战　略（WO） 1 2（克服劣势，利用机会） 3
威　胁（T） 1 2（列出威胁） 3	战　略（ST） 1 2（发挥优势，回避威胁） 3	战　略（WT） 1 2（克服劣势，回避威胁） 3

（三）制订行动计划

在完成环境因素分析和 SWOT 矩阵的构造后，便可以制订出相应的行动计划。制订计划的基本思路是发挥优势因素，克服劣势因素，利用机会因素，化解威胁因素。运用系统分析的方法，将各种环境因素相互匹配起来加以组合，得出一系列公司未来发展的可选择对策。

第三节　企业战略类型与选择

制定战略是战略管理的核心部分，它在战略分析的基础上完成。企业战略类型多样、形式各异，各个企业都有自己的一套适合企业自身条件与所处环境及发展要求的独特的战略体系。对于一个企业来说，达成战略目标的战略方案可能有多个，战略决策者就必须对这些战略方案进行评价和比较，从中选择最合适的战略。

一、企业总体战略

企业总体战略是指企业业务发展的方向。企业业务发展的方向本质上体现了企业资源配置的方向与模式。企业总体战略可以划分为稳定型战略、发展型战略和紧缩型战略三种类型。

（一）稳定型战略

稳定型战略是指企业不改变其生产性质、主要产品和为社会提供的服务，在一定时期内企业也并不准备扩大生产规模的一种战略。其核心主要以提高企业现有生产条件下的经济效益为目的。它的优点是风险小，失败的可能性也小，企业的内部经营机制得到完善，企业的产品结构、组织结构及其他各项工作合理化，可以提高企业对外界环境变化的应变能力及抗干扰能力，它的缺点主要是长期采用此战略，企业发展缓慢，在稳定型战略实施中，企业领导者往往把眼光放在企业内部结构调整上，而对于企业外部环境的变化及提供的机遇容易忽略，在当今行业竞争激烈的市场中也容易被竞争者击败。稳定型战略一般适用于外部环境和内部条件暂时处于劣势或市场不稳定、经营中既无突出优势又无明显有利因素的企业（或者资金、技术、原料供应或销售渠道存在较大困难的企业）。

（二）发展型战略

发展型战略是企业在现有基础水平上向更高一级的方向发展。它是指企业扩大生产规模，并在保持原有主要产品的同时，增加新的产品的生产，挖掘企业的潜力，提高销售量，扩大市场占有率，降低成本，提高盈利能力，超过竞争对手，使经济技术指标超过或达到同行业的先进水平，在提高产品质量、降低物耗、增加经济效益上有大幅度提高的一种战略。其核心是发展壮大。企业为了发展，就必须采取发展型战略。发展型战略面临的风险较大，管理者也缺乏对扩大后的企业进行良好管理的经验。因此，采用发展型战略的企业家一般都是开拓型的，敢于承担风险。研究战略发展的可行性是制定战略扩张的重要环节，要对企业现有的实力与应付扩张战略可能带来的风险做出正确评估。企业发展型战略包括一元化战略、一体化战略和多元化战略等类型。

1. 一元化战略

一元化战略是指专业化战略。传统理论认为一元化战略是一种存在较大风险的投资与经营战略，其原因就在于特定产业与市场的容量有限，产业的发展有其周期性，相应地，企业集团的发展也将随之陷入不良的周期性波动境地。但实际上一些采用专业化战略的企业集团，不仅没有陷入不良的周期性波动，反而其市场竞争中的优势日显强化。

投资的专业化虽不意味着竞争优势取得的必然性，却是竞争优势产生的基础。专业化投资策略的基本点是将企业集团的资源优势聚合于某一特定的产业或产品领域，而不会引起经营结构与市场结构的改变。因此，在专业化投资战略下，资源的聚合意味着企业集团在特定的市场上优势的集中，从而为谋求特定市场的竞争优势、增强风险抗御能力、推进市场领域的拓展提供了充分的资源支持。

2. 一体化战略

一体化战略是指企业充分利用自己在产品、技术、市场上的优势，根据产业或者企业价值链从原材料（甚至从技术开发）到最终产品销售和售后服务的工艺顺序，使企业不断地向深度和广度发展的一种战略。一体化战略主要包含三种类型：业务向原材料生产方向扩展称为后向一体化；业务向销售方向扩展称为前向一体化；将价值链中的某一个环节扩展、做大称为水平一体化。同时，前向一体化与后向一体化又统称为纵向一体化，而水平一体化又称为横向一体化。一体化战略是企业的一个非常重要的成长战略，它有利于深化专业分工协作，提高资源的利用深度和综合利用效率。

3．多元化战略

多元化战略又称为多角化战略或多样化战略，是指企业同时从事两项或两项以上业务的战略。采取多元化战略，一方面是来自企业扩张的需要，另一方面是来自企业分散风险的动机。

企业的多元化战略有两种类型：相关多元化与非相关多元化。相关多元化是指公司即将进入的业务领域与现在正开展的各项业务之间有着明显的关联关系，如相似的技术、共同的市场和分销渠道、共同的生产流程、共同采购等，这些相关业务之间的价值活动能够实现有效共享。宝洁公司是相关多元化最为成功的代表，尽管宝洁公司涉足的产品包括食品、保健品、宠物食品、清洁剂、口腔护理系列、洗发用品系列、纸品系列等，它们都有着不同的竞争者和生产要求，看起来似乎互不相关，但这些产品几乎都使用同样的分销渠道，在同样的零售网络销售，采用同样的市场营销方式，卖给同样的顾客。

非相关多元化则是指进入与现有行业和业务完全不同的领域开展经营，即在企业中增加新的产品或事业部，但这些新增加的产品或事业部与企业原有产品或事业都几乎毫不相关，不存在什么关联关系。通用电气公司是非相关多元化的典型代表，它所涉足的行业多达 12 种，从飞机发动机到医疗器材，从工业塑料到发电设备，从新闻电视到金融服务，从照明到保险，无所不包，而且这些业务之间几乎完全互不相关，但可贵的是通用电气在其所经营的各个领域都获得了巨大的成功，均保持着行业前三甲的位置。

海尔的多元化战略是相关多元化向非相关多元化发展的线路，其所依赖的核心竞争能力也有一条清晰的脉络，即技术研发能力—核心业务夯实的品牌效应—销售渠道—管理、创新能力。特别是海尔的企业文化和管理创新能力，是在不相关领域发展业务的最重要的能力。海尔的相关多元化道路一直被人们认为是非常成功的。海尔通过冰箱的专业化完成了名牌化战略，然后利用品牌优势和强大的营销服务网络，逐步地开始从冰箱做到白色家电，接着从白色家电到黑色家电，最后到米色家电，最终成就了其家电王国。然而，当海尔从 1995 年起开始其非相关多元化道路后，它的发展受到了人们的质疑。海尔的非相关多元化战略使其从家居用品到手机，从生物制药到物流，从餐饮业到金融业，无所不包，跨度之大，涉及的产业之多，让人目不暇接。相比之下，男人品牌的七匹狼走的是一品多牌，以独特的品牌魅力进入男人生活的各个领域——烟草、啤酒、皮革、服饰等。

显然，相关多元化有利于增强企业的竞争优势，但同时也削弱了分散企业风险的能力；而非相关多元化虽然有利于分散风险，但难以形成竞争优势。

实施多元化战略需要考虑的首要问题是进入新的产业，是通过从头起步开始一项新业务的方式，还是以并购目标产业中的某一家公司的方式。选择什么产业进行多元化经营，决定了公司的多元化是基于狭窄的几个产业，还是宽范围的多个产业。进入每一个目标产业的方式选择（从头建立一项新的经营或者并购一家现成的公司，一家正在进取的公司，或者是一家有着起死回生潜力的困难公司，决定了公司进入每一个所选择的产业时开始所处的地位。

（三）紧缩型战略

紧缩型战略是指企业缩小生产规模，或取消某些产品的生产，减少企业的投入，封存或出卖部分设备的一种战略。其核心是通过紧缩型战略来摆脱企业生存所面临的困境，使财务状况好转，否则企业可能面临倒闭破产的境地。这种战略一般适用于经济不景气、需求紧缩、资源有限、产品滞销、内部矛盾重重、财务状况恶化以及在原经营领域中处于严重不利竞争地位的情况。

紧缩型战略可以分为以下四种类型。

（1）整顿战略（以退为进），先暂时从现有的水平往后退，等到条件成熟后再前进。

（2）削减战略（抽资战略），减少对某一经营领域的投入，只投入最低限度的经营资源。

（3）放弃战略，就是将经营资源从某一经营领域中抽出。

（4）清理战略（清算战略），就是企业由于无力偿还债务，通过出售或转让企业的全部资产，以偿还债务或停止全部经营业务（只有当其他战略全部失灵时才采用此战略）。

二、基本竞争战略

基本竞争战略是指无论在什么产业或企业都可以被选择采用的战略。波特在《竞争战略》一书中曾经提出过三种基本战略，即成本领先战略、差异化战略和目标集中战略。他认为，企业要获得竞争优势，一般只有两种途径：一是在产业中成为成本最低的生产者；二是在企业的产品和服务上形成与众不同的特色。

（一）成本领先战略

成本领先战略是指企业通过在内部加强成本控制，在研究开发、生产、销售、服务和广告等领域内把成本降到最低限度，成为行业中的成本领先者的战略。企业凭借其成本优势，可以在激烈的市场竞争中获得有利的竞争优势。

1. 采用成本领先战略的动因

采用成本领先战略的动因包括以下几个方面。

（1）形成进入障碍。企业的生产经营成本低，便为产业的潜在进入者设置了较高的进入障碍。那些生产技术尚不成熟、经营上缺乏规模的企业都很难进入此产业。

（2）增强企业讨价还价的能力。企业的成本低，可以使自己应付投入费用的增长，提高企业与供应者讨价还价的能力，降低投入因素变化所产生的影响。同时，企业的成本低，可以提高自己对购买者的讨价还价能力，以对抗强有力的购买者。

（3）领先的竞争地位。当企业与产业内的竞争对手进行价格战时，由于企业的成本低，可以在竞争对手毫无利润的水平上保持盈利，从而扩大市场份额，保持绝对竞争优势的地位。

总之，企业采用成本领先战略可以使企业有效地面对产业中的五种竞争力量，以其低成本的优势获得高于产业平均水平的利润。

在考虑成本领先战略的实施条件时，一般从两个方面考虑：一是考虑实施战略所需要的资源和技能；二是组织落实的必要条件。在所需要的资源和技能方面，企业所需要的是持续投资和增加资本，提高科研与开发能力，增强市场营销的手段，提高内部管理水平。在组织落实方面，企业要考虑严格的成本控制、详尽的控制报告、合理的组织结构和责任制，以及完善的激励管理机制。

在实践中，成本领先战略要想取得好的效果，还要考虑企业所在的市场是否是完全竞争的市场、该行业的产品是否是标准化的产品、大多数的购买者是否以同样的方式使用产品、产品是否具有较高的价格弹性、价格竞争是否是市场竞争的主要手段等。如果企业的环境和内部条件不具备这些因素，企业便难以实施成本领先战略。

2. 成本领先战略的风险

企业在选择成本领先战略时还要看到这一战略的弱点。如果竞争对手的竞争能力强，或者发生下面一些变化，采用成本领先战略就有可能面临风险。

（1）竞争对手开发出更低成本的生产方法。例如，竞争对手利用新的技术，或更低的人工成本，形成新的低成本优势，使得企业原有的优势成为劣势。

（2）对手采用模仿的办法。当企业的产品或服务具有竞争优势时，竞争对手往往会采取模仿的办法，形成与企业相似的产品和成本，使企业陷入困境。

（3）顾客需求的改变。如果企业过分地追求低成本，降低了产品和服务的质量，则会影响顾客的需求，结果会适得其反，企业非但没有获得竞争优势，反而会处于劣势。

（二）差异化战略

差异化战略是通过提供与众不同的产品和服务来满足顾客的特殊需求，以形成竞争优势的战略。企业形成这种战略主要是依靠产品和服务的特色，而不是产品和服务的成本。但是应该注意，差异化战略不是讲企业可以忽略成本，只是强调这时的战略目标不是成本问题。

1. 采用差异化战略的动因

企业采用这种战略，可以很好地防御产业中的五种竞争力量，获得超过产业平均水平的利润。具体地讲，主要表现在以下几个方面。

（1）形成进入障碍。由于产品的特色，顾客对产品或服务具有很高的忠实度，从而该产品和服务具有强有力的进入障碍。潜在的进入者要与该企业竞争，则需要克服这种产品的独特性。

（2）降低顾客对价格的敏感程度。由于差异化，顾客对该产品或服务具有某种程度的忠实性，当这种产品的价格发生变化时，顾客对价格的敏感程度不高。

（3）增强讨价还价的能力。产品差异化战略可以为企业带来较高的边际收益，降低企业的总成本，增强企业对供应者讨价还价的能力。同时，由于购买者别无其他选择，对价格的敏感程度降低，企业也可以运用这一战略削弱购买者讨价还价的能力。

（4）防止替代品的威胁。企业的产品或服务具有特色，能够赢得顾客的信任，便可以在与替代品的较量中比同类企业处于更有利的地位。

企业成功地实施差异化战略，通常需要特殊类型的管理技能和组织结构。例如，企业需要具有从总体上提高某项经营业务的质量、树立产品形象、保持先进技术和建立完善的分销渠道的能力。为实施这一战略，企业需要具有很强的研究开发与市场营销能力的管理人员；同时，在组织结构上，成功的差异化战略需要有良好的结构以协调各个职能领域，以及有能够确保激励员工创造性的激励和管理体制。在这里，企业文化也是一个十分重要的因素，高科技企业格外需要良好的创造性文化，因此，应鼓励技术人员大胆地创造企业文化。

2. 采用差异化战略的风险

企业在实施差异化战略时，面临两种主要的风险：一是企业没有能够形成适当的差异化；二是在竞争对手的模仿和进攻下，行业的条件又发生了变化时，企业不能保持差异化，第二种风险经常发生。企业在保持差异化上，普遍存在着形成产品差异化的成本过高，大多数购买者难以承受产品的价格等威胁。

（三）目标集中战略

目标集中战略是指把经营战略的重点放在一个特定的目标市场上，为特定的地区或特定的购买者集团提供特殊的产品或服务。

1. 目标集中战略的特征

成本领先战略与差异化战略面向全行业，在整个行业的范围内进行活动，而目标集中战略则是围绕一个特定的目标进行密集型的生产经营活动，要求能够比竞争对手提供更为有效的服务。企业一旦选择了目标市场，便可以通过产品差异化或成本领先的方法形成目标集中战略。也就是说，采用目标集中战略的企业，基本上就是特殊的差异化或特殊的成本领先企业。采用目标集中战略的企业，由于其市场面狭小，可以更好地了解市场和顾客，提供更好的产品与服务。

目标集中战略与其他两个竞争战略一样，可以防御行业中的各种竞争力量，使企业在本行业中获得高于一般水平的收益。这种战略可以用来防御替代品的威胁，也可以针对竞争对手最薄弱的环节采取行动，需要形成产品的差异化，或者在为该目标市场的专门服务中降低成本，形成低成本优势，或者兼有产品差异化和低成本的优势。在这种情况下，其竞争对手很难在目标市场上与之抗衡。这样，企业在竞争战略中成功地运用目标集中战略，就可以获得超过产业平均水平的收益。应当指出，企业实施目标集中战略，尽管能在其目标市场上保持一定的竞争优势，获得较高的市场份额，但由于其目标市场是相对狭小的，该企业的市场份额的总体水平是较低的。目标集中战略在获得市场份额方面有某些局限性，因此，企业选择目标集中战略时，应该在产品获利能力和销售量之间进行权衡和取舍，有时还要在产品差异化和成本状况中进行权衡。

2．选择目标集中战略的条件

企业实施目标集中战略的关键是选好战略目标。一般的原则是企业要尽可能地选择那些竞争对手最薄弱的目标和最不易受替代产品冲击的目标。在选择目标之前，企业必须确认购买群体在需求上存在的差异；企业的目标市场上没有其他竞争对手试图采用目标集中战略；企业的目标市场在市场容量、成长速度、获利能力、竞争强度方面具有相对的吸引力；本企业资源实力有限，不能追求更大的目标市场。

3．目标集中战略的风险

采用目标集中战略也有一定的风险，主要表现在：① 竞争对手可能会寻找可与本企业匹敌的、有效的途径来服务于细分目标市场；② 购买者细分市场之间的差异减弱会降低进人细分目标市场的进入壁垒，会为竞争对手采取目标集中战略打开一扇方便之门；③ 采取目标集中战略的厂商所聚焦的细分市场非常具有吸引力，以至于各个竞争厂商蜂拥而入，瓜分细分市场的利润。

三、战略评价方法及战略选择

对于有多种产品的企业，由于其不同的产品可能具有不同的市场地位和价值优势，如何对这些业务进行投资组合分析是企业管理者在战略制定时要重点考虑的问题。要综合评价企业的价值能力，应进行投资组合分析。广泛采用的投资组合分析方法是矩阵分析方法，通过这种方法，企业可以找到企业资源的产生单位和这些资源的最佳使用单位。

（一）市场增长率一相对市场占有率矩阵法

市场增长率—相对市场占有率矩阵法就是通常所讲的波士顿矩阵。它是波士顿咨询公司于1960年为美国米德纸业公司进行经营咨询时提出的分析方法，也称为成长—份额矩阵、产品（事业）结构分析法或事业结构转换矩阵。它以企业经营的全部产品或业务的组合为研究对象，分析企业相关经营业务之间的现金流量的平衡问题，寻求企业资源的最佳组合。市场增长率—相对市场占有率矩阵示意图，如图 2-5 所示。

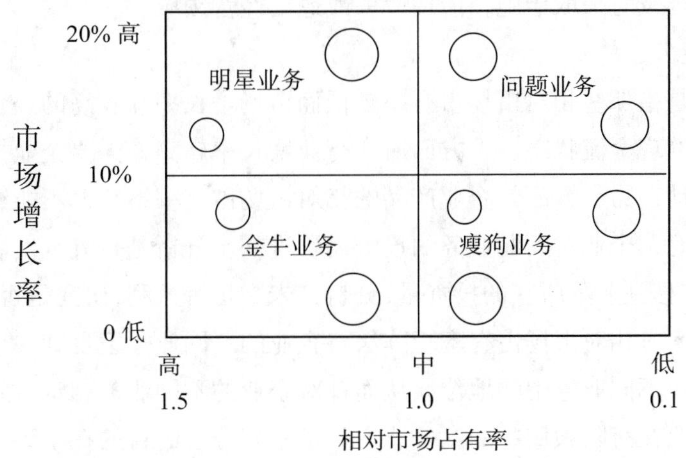

图 2–5 市场增长率—相对市场占有率矩阵

在图 2-5 中，矩阵的横轴表示企业在行业中的相对市场占有率，是指企业的某项产品或服务的市场占有率与最大的竞争对手的市场占有率的比率，相对市场占有率用 1.0 分界为高、低两个区域。某项产品或业务的相对市场占有率多，表示其竞争地位强，在市场中处于领先地位；反之，则表示其竞争地位弱，在市场中处于从属地位。

纵坐标表示企业所在行业的成长性，表示该行业过去两年和今后两年的平均市场销售增长速度，通常以 10% 的增长速度为限划分为两个区域，最近两年平均市场增长率超过 10% 的为高增长业务，低于 10% 的为低增长业务。这样划分出如下四种经营单位。

1．明星业务

明星业务是指那些市场增长率和相对市场占有率都较高的经营单位。此类业务处于迅速增长的市场，具有很大的市场份额，被形象地称为明星产品。这类业务既有发展潜力，又具有竞争力，是高速成长市场中的领先者，行业处于生命周期中的成长期，应是企业重点发展的业务，但它们是企业资源的主要消费者，企业要采取追加投资，扩大业务的策略，支持它们继续发展。

2．金牛业务

金牛业务是指那些有较低市场增长率和较高相对市场占有率的经营单位。行业可能处于生命周期中的成熟期，企业生产规模较大，本身不需要投资，反而能为企业提供大量资金，用以支持其他业务的发展，被形象地称为金牛业务。企业通常以金牛业务支持明星业务、问题业务和瘦狗业务。企业的策略是维持其稳定生产，不再追加投资，以便尽可能地回收资金，获取利润。

3．瘦狗业务

瘦狗业务是指那些市场增长率和相对市场占有率都较低的经营单位。行业可能处于生命周期中的成熟期或衰退期，市场竞争激烈，企业获利能力差，不能成为利润源泉。

如果这类业务还能自我维持，则应缩小经营范围，加强内部管理。如果这类业务已彻底失败，企业应当及时采取措施，清理业务或退出经营领域。

4．问题业务

问题业务是指那些相对市场占有率较低而市场增长率却较高的经营单位。这类业务通常处于最差的现金流状态，一方面所在行业增长率较高，需要企业投入大量资金支持其生产经营活动；另一方面，企业产品的相对市场占有率不高，不能给企业带来较高的资金回报。因此，企业对问题业务的投资需要进一步分析是否具有发展潜力和竞争力优势,判断使其转移到业务所获的投资量,分析其未来是否盈利,研究是否值得投资的问题。

市场增长率—相对市场占有率矩阵法将企业的不同业务组合到一个矩阵中，可以简单地分析企业在不同业务中的地位，从而针对企业的不同业务制定有效策略，集中企业资源，提高企业在有限领域中的竞争能力。该矩阵分析的目的在于为企业确定自己的总体战略。在总体战略的选择上，它指出了每个经营业务在竞争中的市场地位，使企业了解了它的作用或任务，从而有选择和集中地运用企业优势的资金。同时，波士顿矩阵将企业不同经营领域内的业务综合到一个矩阵中，具有简单明了的效果。在其他战略没有发生变化的前提下，企业可以通过波士顿矩阵判断自己各经营业务的机会和威胁、优势和劣势，判断当前的主要战略问题和企业未来的竞争地位。比较理想的投资组合是企业有较多的明星业务和金牛业务，少数的问题业务和极少的瘦狗业务。

但是，市场增长率—相对市场占有率矩阵法也存在局限性。该矩阵按照市场增长率和相对市场占有率，把企业的市场业务分为四种类型，相对来说，有些过于简单。同时，在实践中，企业要确定各业务的市场增长率和相对市场占有率是困难的，该矩阵中市场地位和获利之间的关系会因行业和细分市场的不同而发生变化。另外，企业要对自己一系列的经营业务进行战略评价，仅仅依靠市场增长率和相对市场占有率是不够的，还需要行业的技术水平等其他指标。

（二）行业吸引力—竞争能力分析法

行业吸引力—竞争能力分析法是由美国通用电气公司与麦肯锡咨询公司共同发展起来的。它是为克服波士顿矩阵的局限性而提出的改良分析矩阵，也称为通用电气—麦肯锡矩阵或行业吸引力—竞争能力矩阵。

该矩阵在理论上与波士顿矩阵类似，但它考虑了更多的因素，对不同的业务进行比较。通用电气—麦肯锡矩阵的纵坐标用行业吸引力代替了行业成长速度，横坐标用竞争能力代替了相对市场占有率。同时，通用电气—麦肯锡矩阵针对波士顿矩阵坐标尺度过粗的缺陷，增加了中间等级。根据行业吸引力和经营单位的竞争能力，可以确定出各经营单位在总体经营组合中的位置，据此来制定出不同的战略，如图 2-6 所示。

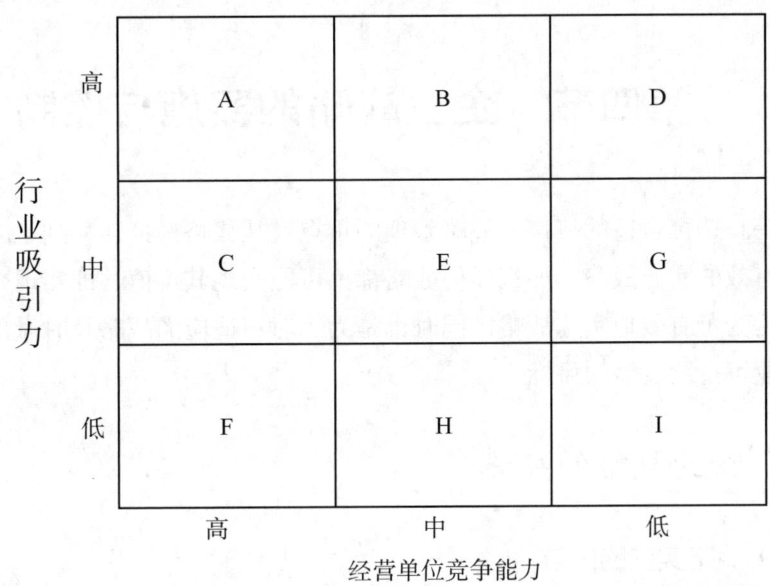

图 2-6 行业吸引力—竞争能力矩阵

经营单位所处行业的吸引力按强度分成高、中、低三等，所评价的因素一般包括行业规模、市场增长速度、产品价格的稳定性、市场的分散程度、行业内的竞争结构、行业利润、行业技术环境、社会因素、环境因素、法律因素、人文因素。

经营单位所具备的竞争能力按大小也分为高、中、低三等，所评价的因素包括生产规模、市场增长率、市场占有率、盈利性、产品线宽度、产品质量及可靠性、单位形象、造成污染的情况、人员情况。

行业吸引力的三个等级与经营单位竞争能力的三个等级构成一个具有九象限的矩阵，公司中的每一经营单位都可放置于矩阵中的每一位置。总体来说，公司内的所有经营单位可归结为三类，而对不同类型的经营单位应采取不同的战略，如下所述。

（1）发展类。这类包括处于 A、B 和 C 位置的经营单位。对于这一类经营单位，公司要采取发展战略，即要多投资以促进其快速发展。因为这类行业很有前途，经营单位又具有较强的竞争地位，因此应该多投资，以便巩固经营单位在行业中的地位。

（2）选择性投资类。这类包括处于 D、E 和 F 位置的经营单位。对这类经营单位，公司的投资要有选择性，选择其中条件较好的单位进行投资，对余者采取抽资转向或放弃战略。

（3）抽资转向或放弃类。这类包括处于 G、H 和 I 位置的经营单位。这类经营单位的行业吸引力和经营单位实力都较低，应采取不发展战略。对一些目前还有利润的经营单位，采取逐步回收资金的抽资转向战略，而对不盈利又占用资金的单位则采取放弃战略。

第四节 企业战略的实施与控制

企业一旦选择合适的战略，战略管理的重点就从战略选择转移到了战略实施阶段。如果没有有效的实施战略，那么任何战略都不可能实现其价值，即实现企业战略目标。战略控制是为了有效地实施战略，同时也是为了对不适应的战略及时做出调整，以更好地实现企业可持续发展的目标。

一、企业战略的实施

（一）战略实施的内容

所谓战略实施，就是执行达到战略目标的战略计划或战略方案，这是将战略付诸实际行动的过程。企业战略实施应包括建立能够执行并完成战略计划的强有力的组织，围绕战略目标有重点地配置资源，动员整个组织投入选定的战略计划，设置内部战略管理支持系统并发挥战略领导作用。

企业战略实施涉及大量的工作安排、资金和时间，而不像战略制定和选择过程中，所参加的人员主要是高层管理者。在战略实施过程中，企业从最高管理者到作业人员，每一个人都参与战略实施。因此，战略实施较之战略分析和战略选择来说，所涉及的问题更多、更复杂。按照罗伯特•小沃特曼的观点，企业的战略匹配包含 7 个因素，如图图 2-7 所示。这 7 个因素又被称为麦肯锡 7S 模型。

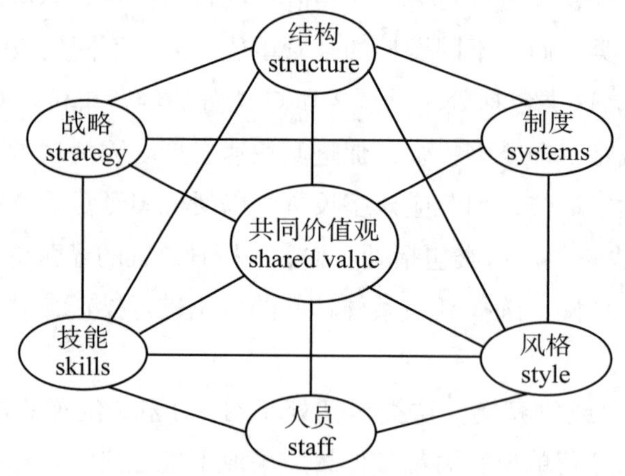

图 2–7 麦肯锡 7S 模型

（1）战略，是指旨在获得超过竞争对手的持续优势的一组紧密联系的活动。

（2）结构，是指组织结构图及其相应的部分，它表明人员、任务的分工及整合。

（3）制度，是指完成日常工作的过程及流程，包括信息系统、资本预算系统、制造过程、质量控制系统和绩效度量系统等。

（4）风格，是指集体管理人员所花费时间和精力的方式，以及他们所采取的代表性的行为方式。

（5）人员，是指企业中的所有人，更重要的是指企业中人员的分布状况。

（6）技能，是指企业作为一个整体所具备的能力。

（7）共同价值观，是指企业的哲学和文化，即是企业保持团结一致的那种指导性的观念、价值和愿望等。

在该模型中，战略、结构和体制被认为是企业成功的“硬件”风格、人员、技能和共同价值观被认为是企业成功经营的“软件”。该模型认为软件和硬件同样重要。麦肯锡 7S 模型同时表明，当这些因素相互适应和匹配时，企业实施的战略就可以成功；反之，当这 7 个因素不能互相融洽时，战略实施将不可能成功。

（二）战略实施的一般过程

1．诊断战略问题

在战略管理中，战略实施是战略制定的继续，即企业制定出目标和战略以后，必须将战略的构想转化成战略的行动。在这个转化过程中，企业首先要考虑战略制定与战略实施的关系，两者配合得越好，战略管理越容易获得成功。

图 2-8 说明了这两者的重要性，并指出了战略制定与战略实施的不同搭配会产生四种结果，即成功、摇摆、艰难和失败。

战略实施 \ 战略制定	好	坏
好	成功	摇摆
坏	艰难	失败

图 2–8　战略问题的诊断

（1）在成功企业里，企业不仅有好的战略，而且能够有效地实施这一战略。在这种情况下，尽管企业不能控制环境，但由于它能够成功地制定与实施战略，企业的目标便能够较顺利地实现。

（2）在摇摆象限里，企业没有很好的战略，但执行这种战略却一丝不苟。在这种情况下，企业会遇到两种不同的局面：一种局面是由于企业能够很好地执行战略而克服战略的不足，或者至少为管理人员提出了可能失败的警告；另一种局面是企业认真地制定了一个“不好”的战略，结果加速了企业的失败。

（3）在艰难象限里，企业有很好的战略，但贯彻实施得很差。这种情况往往是由于企业管理人员过分注重战略的制定而忽视战略实施的缘故。一旦问题发生，管理人员的反应常常是重新制定战略，而不是去检查实施过程是否出了问题。结果，重新制定出来的战略仍按照老办法去实行，只有失败一条路。

（4）在失败象限里，企业所面临的问题是既没有好的战略，又没有很好地执行战略。在这种情况下，企业的管理人员很难把战略转到正确的轨道上。因为企业如果保留原来的战略而改变实施的方式，或者改变战略而保留实施方式，都不会产生好的结果，仍旧要失败。

因此，企业要取得好的战略管理绩效，就需要在摇摆、艰难和失败象限里诊断出战略失败的原因，以便找到一种补救的方法，以更有效地实施战略。

2. 分解战略目标

要将战略转化为战略行动，需要在分析战略变化的基础上，把战略方案的内容层层分解，就要使企业每个员工都能明确自己在战略中的地位，明确自己的任务和职责。

企业要将战略分解为战略实施阶段，并确定分阶段的战略目标的政策措施、部门策略与方针等。特别需要注意各个阶段的分目标及计划应该具体化和可操作化，使战略最大限度地变成企业各个部门可以具体操作的业务。

3. 调整组织结构

企业需要调整或重新组建适当的组织结构以支持变革。作为适应战略实施需要的新型组织结构，它应该符合履行基本职能的效率要求，符合企业不断创新的需要，同时能确保面临重大威胁时做出快速反应的要求。

4. 配置战略资源

企业战略资源是指企业用于战略行动及其计划推行的人力、财力、物力等要素的总和。企业这些战略资源是战略转化行为的前提条件和物资保证。

企业战略资源配置是战略与资源的动态组合。企业在发展过程中，在不同的阶段将其战略不断推陈出新，战略资源也在不断地积累。企业在制定现行战略时，应该充分预测将来的环境、资源的变化，并对资源进行必要的、合理的配置，使资源配置与战略连成一体。

5. 考核与激励

企业要对战略实施的情况进行绩效考核与激励，其内容包括：企业是否制定了发展战略目标；企业如何将战略目标有效分解到战术操作层面（各职能战略）；企业采用什么样的绩效管理工具评估战略目标和引导资源配置走向；企业如何通过绩效考核，控制各业务单元和员工的工作绩效与管理行为等。企业战略实施业绩的考核可以利用关键业绩指标法（KPI）和平衡计分法等方法。

同时，要注意战略实施的激励。对一般人员的激励，其目的就在于促使企业的人员对长期目标、战略计划和创业精神有足够的了解和认识，鼓励他们的战略活动要与企业的战略相一致；对领导人员的激励，目的是鼓励及时创造性的调整战略行为，以调动和维持战略领导人员实施战略管理的积极性和主动性。

6．过程领导

在战略实施过程中，领导技巧是一个重要因素。就整个组织成员而言，领导需要鼓励全体成员承担实施战略的义务。因此，保证领导风格与战略相适应是重要的。战略管理要求具有机智果敢、勇于创新、远见卓识、知识广博、富有经验同时有独特的管理魅力的人来担任企业领导者。只有这样，企业战略才会在制定过程中不产生偏差。

二、企业战略实施的控制

战略实施的控制是指在战略方案实施过程中，为了保证按战略方案的要求进行经营而对实施活动所采取的评审、信息反馈和纠正措施等一系列活动。

（一）战略实施控制的要素

战略实施控制有以下三个基本要素。

1．确立标准

确定战略实施控制评价标准，战略实施控制评价标准是用以衡量战略执行效果好坏的尺度，是战略实施控制的依据。它由定性和定量两大类指标组成。定性评价标准主要包括战略与环境的适应性、战略执行中的风险性、战略的稳定性、战略与资源的配套性、战略执行的时间性和战略与组织的协调性。定量评价标准可选用下列指标：经济效益综合指数、产值、实现利润、资本利润率、销售利润率、成本费用利润率、人均净产值、市场占有率、物质消耗率、新产品开发等。

2．衡量绩效

衡量绩效就是把实际战略实施成效与评价标准比较，找出实际战略实施成效与评价标准的差距及其产生的原因。

3．纠正偏差

纠正偏差就是针对通过成效衡量发现的问题（负偏差）及其产生的原因采取纠正措施。

（二）战略实施控制在战略管理中的作用

（1）企业战略实施的控制是企业战略管理的重要环节，它能保证企业战略的有效实施。战略决策仅能决定哪些事情该做，哪些事情不该做，而战略实施的控制的好坏将直接影响企业战略决策实施的效果好坏与效率高低。因此，企业战略实施的控制虽然处于战略决策的执行地位，但对战略管理是十分重要、必不可少的。

（2）企业战略实施的控制能力与效率的高低又是战略决策的一个重要制约因素，它决定了企业战略行为能力的大小。企业战略实施的控制能力强，控制效率高，则企业高层管理者可以做出较为大胆的、风险较大的战略决策；若相反，则只能做出较为稳妥的战略决策。因此，提高企业战略实施的控制能力，也是企业战略管理的一项重要任务。

（3）企业战略实施的控制与评价可为战略决策提供重要的反馈，帮助战略决策者明确决策中哪些内容是符合实际的、正确的，哪些内容是不正确的、不符合实际的，这对于提高战略决策的适应性和水平具有重要作用。

（4）企业战略实施的控制可以促进企业文化等企业基础建设，为战略决策奠定良好的。

（三）战略实施控制的方法

1. 以控制时间分类

以控制时间分类可分为事前控制、事中控制和事后控制。

（1）事前控制。事前控制是指对战略实施进行监测，用前馈控制方法对事物前兆进行控制。前馈控制是在工作成果尚未实现之前，去发现将来工作的结果可能出现的偏差，采取校正措施，使可能出现的偏差不致发生，从而可防患于未然。

（2）事中控制。事中控制就是监督实际正在进行的业务，以保证既定目标的实现。企业的战略要依赖于人的活动，没有人的活动，战略就不能实现，所以，对组织成员活动的控制是战略控制的重要组成成分。

（3）事后控制。事后控制是指将执行结果与期望的标准相比较，看是否符合控制标准，然后进行偏差分析，找出原因，确定纠正方案。

2. 以控制主体的状态分类

（1）避免型控制，即采用适当的手段使不适当的行为没有产生的机会，从而达到不需要控制的目的。如通过自动化使工作的稳定性得以保持，按照企业的目标正确地工作；通过与外部组织共担风险减少控制；转移或放弃某项活动，以此来消除有关的控制活动。

（2）开关型控制。开关型控制又称为事中控制或行与不行的控制。其原理是在战略实施的过程中，按照既定的标准检查战略行动，确定行与不行，类似于开关的开与关。开关控制法一般适用于实施过程标准化的战略实施控制，或某些过程标准化的战略项目实施控制。

3. 以控制的切入点分类

（1）财务控制。这种控制方式覆盖面广，是用途极广的非常重要的控制方式，包括预算控制和比率控制。

（2）生产控制，即对企业产品品种、数量、质量、成本、交货期及服务等方面的控制，可以分为产前控制、过程控制及产后控制等。

（3）销售规模控制。销售规模太小会影响经济效益，销售规模太大会占用较多的资金，也影响经济效益，为此要对销售规模进行控制。

（4）质量控制，包括对企业工作质量和产品质量的控制。工作质量不仅包括生产工作的质量，还包括领导工作、设计工作、信息工作等一系列非生产工作的质量，因此，质量控制的范围包括生产过程和非生产过程的其他一切控制过程。质量控制是动态的，着眼于事前和未来的质量控制，其难点在于全员质量意识的形成。

（5）成本控制。通过成本控制使各项费用降低到最低水平，达到提高经济效益的目的。成本控制不仅包括对生产、销售、设计、储备等有形费用的控制，还包括对会议、领导、时间等无形费用的控制。在成本控制中要建立各种费用的开支范围、开支标准并严格执行，要事先进行成本预算等工作。成本控制的难点在于企业中大多数部门和单位是非独立核算的，因此缺乏成本意识。

（四）战略实施控制的过程中应注意的问题

1．战略实施控制应具有前瞻性

战略实施控制与日常生产经营控制不同，其重点是企业的目标和方向，所以管理人员要能预见未来，及时发现和纠正对企业发展方向与长远目标有重大影响的有利和不利因素。

2．战略实施控制应该采用例外原则

对战略实施控制不要样样都抓，有标准的事件只需适当关注，主要是处理非标准情况下出现的例外事件，抓住战略实施的重点进行控制。

3．战略实施控制应该有伸缩性

战略实施控制要有较大的回旋余地，有伸缩性。只要能保持正确的方向，便可取得预期的效果。

4．战略实施控制应考虑组织特征

不同的组织有不同的经营环境，管理者和职工在战略实施控制中的作用也有很大的差异，要根据组织的特征采取相应的控制方法。

第三章　企业营运资金管理

第一节　企业营运资金管理

一、我国企业营运资金管理存在的问题

（一）流动资金不足

目前，我国企业普遍存在流动资金短缺的情况，面临着营运资金风险。作为社会资源的一种体现，资金（包括流动资金）的紧缺是在所难免的。但是，这种流动资金的紧缺状况已经超出了理性的极限，诸多不合理因素的存在严重干扰了各企业个体和全社会总体的营运资金运转。营运资金作为维持企业日常生产经营所需的资金，与企业经营活动的现金循环密切相关，营运资金不足将直接影响企业交易活动的正常进行。另外，企业要扩充规模或者转产经营，也会因得不到必要的资金而一筹莫展。

（二）营运资金低效运营

企业营运资金低效运营的情况十分普遍，主要表现为以下几点。

（1）流动资金周转缓慢，流动资产质量差，不良资产比重较大。应收账款数量普遍增高，且相互拖欠情况比较严重，平均拖欠时间增长，应收账款中有很大一部分发生坏账的可能性较大。在计划经济向市场经济转轨过程中，由于许多企业对市场认识不足，盲目进行生产，导致产品结构不合理，竞争力差，原材料、产成品、半产品等存货不断积压，占用了企业大量资金。此外，部分企业存货的账面价值大大高于其市价，但高出部分并没有被及时摊入企业成本费用中，造成存货中包含大量“水分”。

（2）应付账款使用率差距大。我们知道，应付账款周转期越短，说明企业的偿债能力越强，无限制延长应付账款周转天数，会降低企业信用等级。但是企业若能在一定期限内有效地使用商业信用这种无息借款，必然会减轻企业的利息负担，增加收益。在我国，由于企业信用体系不健全，部分大企业利用自身的信用优势，过分地依靠应付账款融资，造成应付账款的周转率极低；而小企业由于自身原因，较难获得商业信用；还

有一些具备利用商业信用条件的企业却抱着“不欠债”的传统保守观念，放弃了这种无息的资金来源。应付账款融资方式在各企业中没有达到充分而有效的利用，降低了营运资金的运营效率。

（3）流动资金周转缓慢，迫使企业大量借入流动资金，利息的压力又加剧了企业的亏损状况，使企业营运资金周转呈现出恶性循环的局面。

（三）营运资金管理弱化

企业的营运资金管理混乱，缺乏行之有效的管理措施和策略，也是当前企业存在的重要问题之一。

（1）现金管理混乱。流动性最强、获利能力最低是现金资产的特点。现金过多或不足均不利于企业的发展。部分企业，尤其是广大中小企业，财务管理机构不健全，财务人员短缺，没有制定合理可行的最佳现金持有量，编制现金预算，并采取有效措施对现金日常收支进行控制。现金管理有很大的随意性，经常出现没有足够的现金支付货款和各种费用或现金过剩现象。这种对现金的粗放型管理模式是不能适应市场竞争趋势的。

（2）应收账款控制不严，资金回收困难。很多企业业务收入的连年增长并没有带来利润的持续增长，主要原因就是同期应收账款数额增长的比例更大，而且账龄结构越来越趋于恶化，经营净现金流量持续为负。

二、完善企业营运资金管理的对策

（一）改善企业外部环境

（1）政府应在进一步明确政企关系、加快企业制度改革的基础上，进一步完善财政体制改革，为企业形成资本积累机制创造宽松的环境。同时积极推行现代企业制度，充分利用现代企业科学的治理结构，明确各方的责权利，使企业做到彻底的自主理财。企业必须能够真正从其对资产增值的关心上获得增强积累和有效分配投资的内在动力。这样，才能自觉注重资金积累，成为真正意义上的独立经济实体。

（2）规范企业的利润分配。当前有些企业只注重实惠，不考虑企业的生产发展后劲，以各种名义乱发奖金或用于福利建设，从而挤占生产资金。考虑到流动资金紧张状况，企业的利润分配应坚持积累优先原则，首先满足生产经营的需要，然后再将税后利润在投资者之间进行分配。

（二）改变企业经营观念，强化企业内部管理

（1）认真做好营运资金计划，事先掌握各流动项目和资本支出的变动趋势，预先消除影响营运资金状况的消极因素。

（2）加强营运资金管理的制度建设，做到规范、合理和有序的管理，提高管理层

次和水平。

（3）建立营运资金管理考核机制，加强企业内部审计的监督力度。

（4）加强企业财务预算，提高企业运营效率。通过制定预算，不仅有助于预测风险并及时采取有效措施防范风险，还可以协调企业各部门的工作，提高内部协作的效率。

（三）控制固定资产投资规模，防止不良流动资产

固定资产投资的特点是，一次性全部投入，且占用资金较大，而资金的收回则是分次逐步实现的。固定资产收回是在企业再生产过程中，以折旧的形式使其价值脱离实物形态，转移到生产成本中，通过销售实现转化为货币资金的。这种资金的收回往往是缓慢的。由于投资的集中性和收回的分散性，要求我们对固定资产投资，必须结合其收回情况进行科学规划。避免出现企业在实际经营过程中，过分追求投资规模，扩大生产能力，而影响营运资金正常运作的情况。不良流动资产主要是指不能收回的应收款项和不能按其价值变现的积压、变质和淘汰的存货。这些不良流动资产产生的主要原因在于管理问题，并会直接导致营运资金的流失，使企业遭受经济损失。防止不良流动资产的产生应做好以下几个方面工作：产品以销定产，确定货款收回责任制，与信誉好的用户制定回款周期，保证及时收回货款；在会计核算方面采取谨慎原则，按规定提取坏账准备金，以防止坏账的发生；把好物资采购关，防止采购伪劣物资，并做好仓库物资保管工作，及时维护各类物资，防止变质和损坏；合理确定物资储备定额，防止过量储备，根据市场情况及时调整，对供大于求的物资，按月需求量订货结算，甚至采取无库存管理。

第二节　营运资金的周转

随着社会经济及全球化进程的不断发展，我国及国际的市场经济竞争愈发激烈，要求我国企业在此情况下不断提升各方面的管理、运营能力，增强自身的综合竞争力，以面对当下日益增加的竞争压力。而营运资金周转效率作为企业资金管理中的重要组成部分，需要企业负责人不断提高自身运营风险的控制能力，提升并调整企业营运资金周转效率，以实现企业的可持续发展。由于全球化经济的发展，精细化管理因其对企业发展的积极作用，现今也已被国内的许多学者所关注，且被很多企业管理者运用到工作管理之中，因此，本书从精细化管理在提升营运资金周转效率方面的重要性出发，立足于现今在企业中存在的营运资金周转效率问题，对使用精细化管理提升营运资金周转效率提出了初步的建议。

营运资金即企业流动资产减去企业流动负债后的余额，指的是可供企业进行营业运作、周转的流动资金，可以用于评估企业偿还短期内到期的流动债务的能力，其需求的

满足可以使得企业经济效益和综合竞争力得到进一步的提升。而营运资金周转效率意味企业在一段时期内的营运资金周转次数，对其高低的把控对于企业盈利能力有着重要影响，如果企业营运资金周转效率过高，可能暗示着企业营运资金不足，偿还短期内到期的流动负债能力差，但如果太低的话，也暗示着企业投入的营运资金未能取得足够的销售收入，即盈利能力较差。因此，相关负责人应对营运资金周转效率引起足够的重视，对其高低进行合理的把控，对于过低或过高的原因进行科学合理的分析，以增强企业的综合竞争力。基于上述条件，本书对精细化管理运用于控制营运资金周转效率方面的问题进行了分析，以寻求更为合理有效的企业管理模式。

一、精细化管理用于营运资金周转效率中的意义

精细化管理运用于财务管理之中，主要是通过对企业战略目标及财务目标进行分解、细化，最终将每个目标落实到每个环节之中，使得企业的战略能够贯彻于每个经营活动之中。其基本要求在于结合企业的实际情况，对现存的问题环节进行分析，并对其进行改善和完善，以促进整个企业的可持续发展。而在营运资金周转效率中的应用，首先，需要管理负责人具有全局性的思维，通过对所有资金的合理利用及对现金流的管理，以提升企业营运资金的使用效率，最终形成企业发展的良性循环。其次，通过对所有资金的集中管理，并通过对所有营运资金进行使用计划的制订，以战略目标和财务目标为基础对每一笔营运资金进行具体分配，实现营运资金的合理使用，降低其使用成本，实现其最大效能。最后，也由于精细化管理的进行，使得企业管理者及财务负责人能够对每一笔营运资金的使用都进行跟踪及管理，对每一笔营运资金的使用过程都进行有效的监控，保障了营运资金使用方式能与前期预算、企业战略目标、企业财务目标保持一致性。

二、目前企业存在的营运资金周转效率问题

（一）对营运资金的使用缺乏科学合理的计划

面对我国存在的融资困难问题，大多数企业负责人未能对其应对措施进行考虑，并且在现金管理、存货管理、应收账款管理方面，没有制定科学的“最佳现金持有量”，使得投资方式盲目，现金管理随意，存货管理不及时、不完整，应收账款风险过高，等等，导致企业在需要营运资金时却无法获得足够的资金支持。而按照这样的方式下去，使得企业的贷款量不得不增加，提高了资金的使用成本及自身的经营压力，阻碍了企业的可持续发展态势，其根本原因都是因为企业或财务负责人在对营运资金进行使用和管理时，未能制订合理的计划与安排。

（二）对营运资金的使用缺乏有效的监管、管理机制

我国企业面对日益激烈的市场竞争环境，仍然存在着许多运用粗放式资金管理模式的情况，而在这种粗放式资金管理模式之下，相关负责人都未能建立其有效的营运资金监督制度，或已建立其监督制度，但其职能却未能被真正地发挥出来，并且大多数企业还存在着营运资金管理制度缺乏的情况，特别是在面对重大投资时，因资金使用决策制度的缺乏，导致企业资金的控制与实际情况脱节，影响了企业对营运资金的控制及变现能力。另外，由于我国企业对资金管理缺乏监督惩罚制度，使得资金的回笼难以及时到位，且在生产企业中，由于库存的占款过多，使得资金的沉淀愈发严重，营运资金的周转效率也因此下降，影响了企业的盈利能力及其信用水平，阻碍着企业的高效发展。

（三）企业负责人对于精细化管理理念认知不足

精细化管理作为一种先进的管理理念，在西方国家的市场实践中取得了良好的成绩，但在我国大多数企业负责人对其的认知程度却严重缺乏，或采取直接套用先进企业的精细化管理模式，未能与自身的营运资金管理现状相结合，导致精细化管理的作用难以实现。

三、在营运资金周转效率方面使用精细化管理的建议

（一）提高对精细化管理的认知程度

企业负责人应不断提高自身对于精细化管理的认知程度，树立更符合现代化发展要求的管理理念，加强对于战略制定及资金使用计划中对营运资金的考虑，建立健全科学合理的资金管理体系，使得企业内外部的所有经济活动都能做到有章可循，避免因投资方式盲目，现金管理随意，存货管理不及时、不完整，应收账款风险过高等导致的现金缺乏，并且对于企业内部的财务人员，企业负责人应加强对其的培训力度，提高其对于企业经营运作中各个环节的预算管理能力，保持营运资金链条的持续稳定，保证营运资金的良性循环。

（二）企业营运资金管理应具有资金周转效率管理意识

企业管理者应将企业所有的经营活动作为一个整体，并对此进行通盘考虑，通过对企业的经营作业进行组合安排、对企业全部资产进行盘活及对企业可控制的资源进行整合等方式来提高企业整体的营运效率及资金的周转效率，从而增加企业盈利。

（三）建立合理有效的营运资金监督制度

在精细化管理运用于营运资金管理之中时，需要企业负责人建立更加科学有效的监督制度，对每一项经济活动的处罚机制应该明确合理，并且通过责任制度的建立，将员

工的切身利益（即绩效考核）与其制度相结合，提高员工对于营运资金监督的积极性，提升营运资金的周转效率。此外，在监督制度制定后，相关负责人应坚持公平公正、奖惩分明的原则，并且在后期执行过程中，及时地对制度中存在的问题进行纠正和完善。但需要注意的是，对于监督制度的调整需要经过决策层的集体决策同意，不可随意地进行调整。

（四）加强财务分析，提升风险评估能力

财务负责人在企业战略计划制订完成后，应根据其目标制订出营运资金及各环节的预算方案，并不断提高自身的专业性及对于潜在风险的判断能力，使得自己或企业负责人能够对企业整体资金链情况及发展情况有一个整体的把控，能够对后期可能出现的风险制订出合理的应对计划，提高企业的生存发展能力。而在此过程中，财务负责人可以利用更为现代化的信息手段，对营运资金的状况进行自动、定时的收集，提高资金的集中化、精细化管理，对于营运资金分散闲置的情况进行及时的处理，避免资金使用效率及周转效率的降低。

（五）完善企业内部的控制、审计能力

企业负责人应加强企业内部控制的能力，使得员工能够积极参与到营运资金管理之中，并且还应在企业内部建立其专门的审计组织，对营运资金的流向进行定位及跟踪，与财务人员共同对存在的问题进行分析和解决，以优化营运资金的配置，做好资金的安排，避免出现营运资金链断裂的情况，并保证营运资金周转效率在合理范围内，保证其相关信息的合理可靠。

（六）加强企业供应链管理能力

供应链是指围绕核心企业，从采购原材料开始，制成中间产品以及最终产品，最终由销售网络把产品送达消费者手中的一个由供应商、制造商、分销商、最终消费者所连接的整体功能网链结构。供应链管理是通过企业间的协作，谋求供应链整体最优化，成功的供应链管理能够协调并整合供应链的所有活动，最终成为无缝连接的一体化过程。而在营运资金管理中的应用，可以缩短资金周转时间，提高企业资金周转效率，以增加企业盈利，并且提高企业预测能力及协调能力。

企业营运资金作为企业资金管理中的重要环节，其核心在于资金周转效率的管理，对企业的目标利润的实现及可持续发展起着重大的影响。而精细化管理作为先进的管理理念，可以通过对企业经营及运作活动的细化，实现资源占用程度及其管理成本的最大化降低。面对日益激烈的市场竞争环境，相关企业负责人应不断提升企业营运资金的管理能力，结合先进的管理理念，适应现代化进程的发展，以提升自身的综合竞争力，将有限的营运资金发挥出最大的效用，为企业创造出最大的经济效益。

第三节　现金管理

改革开放以来，我国的企业形式愈加的多样化。在以往计划经济体制下，企业的管理模式在众多的竞争中，已经出现了各种各样的问题，愈加不适应现代企业发展和现金管理的需求。现金管理观念的落后、管理形式的滞后，使得我国企业的现金管理面临着十分严峻的问题。为了在严峻的企业竞争中赢得企业的发展，必须重视企业的现金管理工作的革新，找出企业发展存在的现金管理问题，并制定相应的改革措施。

一、企业现金管理的主要内容

企业的现金管理是保障企业正常运行的重要因素，是保障公司运营血脉的纽带。现金在现代企业的管理中是流动性最长的一种货币融资模式，也是最便捷、最快速实现企业资金管理的手段。现金在现代企业的资产管理中处于十分重要的地位，如若保障企业的正常运行，必须重视起现金管理的作用。企业拥有一定的现金，对于企业的日常管理，发放员工工资，缴纳各种税费，公司运营的杂费、管理费，都是十分便捷的。

企业的现金管理的存量是影响公司进行长远发展的重要因素之一。强劲的现金流量可以加大公司的资产规模，增强投资商的信任度，加大公司投资的概率。现金流量的多少是投资者判断企业活力和经营管理能力的重要参考，也是衡量企业偿债能力的重要标志之一。根据企业的现金管理目标，计算出企业一年内的企业现金流量，找出相对应的区间。可以进行同期或者上一年的现金流量的对比，找出更加合理的企业现金管理模式。企业现金周转率的高低也是影响企业现金管理的一个方面，所谓提高现金的周转率，必须从降低现金平均持有量和增加入库现金的销售收入两个方面着手，这两个方面缺一不可。对于企业的财务管理人员岗位职责而言，合理地使用现金，增强现金的周转率，是一个企业现金管理的重要内容，也是企业存亡的关键因素。企业的资金储备率更加充足，对于企业的融资和债务偿还也十分有利。

二、企业现金管理中存在的问题及原因分析

（一）企业现金管理意识不强

在我国目前的情形之下，企业对于现金管理的经验不是很足，没有意识到企业现金在日常管理中的重要作用，缺乏现金管理的意识。传统的中国企业都比较重视企业的业务工作，对于企业的现金财产的管理并不重视。由于轻视财务工作，很多企业甚至没有

专门的企业财务管理部门，财务管理混乱，不成体系，缺乏现代的管理体系，甚至很多企业把管理现金当作财务管理的工作，没有形成系统化的财务管理工作，导致企业财务管理混乱，资金浪费严重，内部推诿责任现象突出。同时，现金管理制度形同虚设，决策权大部分掌握在领导手中，透明的现金管理情况在企业中并不常见。除了领导管理意识的随意性，很多职工对于公司正确管理现金的意识并不是十分的强烈。缺乏足够的管理意识、现金流量意识，针对员工公差报销的差旅费等现金的报销额度更加的明显。对于公司超过 1000 元以上报销的数额本应当使用支票的规定情形，在现实企业工作中被遗忘和滥用。更有甚者，企业员工营私舞弊，会计人员利用职务之便与外部人员相互串通，骗取企业的现金，虚开或者伪造企业的支票，以套取现金为目的进行合作，使得企业的现金流遭受更大的危机。

（二）企业现金管理缺少监督机制

目前企业的现金管理出现了很多问题，例如，现金白条现象严重、虚假支票现象严重、填错记账凭证现象严重、挪用现金现象严重等一系列问题。合理有效的企业现金监管体系可以保障企业的现金流量正常运营，阻止可能出现的现金流断裂的情况，将事情防患于未然。但是我国大多数的企业没有完备的企业管理模式，缺乏监督、监管机制，更多的是靠企业领导内部的监管或者将监管制度形同虚设，人力的监督已经不能够满足企业日益增长的财务管理危机。大多数的企业在面临现金危机时，部门之间会出现相互推诿的现象，甚至造成了严重的后果。企业的现金政策过于宽松，导致企业的现金管理部门没有真正地从企业的整体利益进行考虑，出现了很多不必要的问题，给企业的现金监管带来很多的问题。由于企业内部财务管理部门的员工综合素质良莠不齐，很多员工对于如何合理地适用企业的现金管理制度并不明确，对于自己的岗位职责并不清晰，由此导致一系列企业内外部问题，忽略企业真正的利益，甚至给企业带来生产经营的危机。

企业内部现金监管的不到位，直接导致企业会面临严重的现金流量危机，使得企业在日益激烈的斗争中愈加处于不利的地位。

（三）企业现金预算不健全

通常企业遇到现金危机时，大多数是决策的失误、内部的监管不到位，究其原因，企业现金预算制度的不健全也是影响企业管理的重要因素之一。企业的现金预算在现代企业的管理中十分必要。凡事预则立，不预则废，拥有良好的企业预算制度，对于合理地进行生产经营活动以及更好地掌控企业的发展都十分有必要。现金预算不仅是针对财务管理部门而言，也需要公司的其他相关部门进行配合。预算是部署整个公司生产经营活动的重要战略活动，包括企业的生产、销售、投资、运营、管理等多部门联动的情形。制定全面客观的企业预算，可以帮助企业及时进行利润的核对。在年终总结时，及时调整企业的生产经营预算制度，能够帮助企业更好地进行管理，推动企业良好健康的发展。

但是,就目前而言,由于传统的计划经济的影响,企业间进行预算管理的投入并不多。在部门的设置上，大部分企业的财务部门只进行基础的财务核算和收纳制度，没有将现金预算纳入企业的财务管理中。企业的现金管理至关重要，大多数的企业没有利用好预算的功能性，缺乏合理科学的规划，影响企业进行现金管理的水平。进入21世纪以来，越来越多的企业为了适应社会主义市场经济的需要，开始注重企业的现金流量的管理。对于上市企业而言，现金流量的多少决定了股民的信任度以及公司在面临危机时的债务偿还能力，对于大型企业而言，具有十分重要的意义。对于中小型企业而言，企业的现金流量可以更好地管理本就资金不充足的中小型公司。除了能控制企业的生产经营成本，还能在以往的预算中找到公司损益的关键问题以及改进的措施，对促进公司的发展有百利无一害。完善现代企业管理制度，除了做出合理的薪酬制度、管理培训制度，在企业的内部管理上，也要重视对财务的管理。必须设立专门的现金预算管理部门，及时对企业可能出现的现金预算问题进行沟通，才能保证公司的现金量。

三、应对企业现金管理问题的主要对策

（一）增强企业的现金管理意识

企业的现金管理制度是确保企业的资金正常运行的重要方面，现金量的多少影响着企业的运转。计划经济时代遗留的企业管理观点至今影响着企业的生存发展以及对待现金管理的态度。现金管理意识的高低也是影响企业现金管理制度发展的重要方面。合理地利用企业的现金管理制度意识在员工或者领导中并不盛行，甚至一直被忽视。在企业的现金管理制度的投入中，公司的投入过少以及对员工的宣传培训不到位，导致员工的现金管理意识薄弱。企业现金管理的低水平和低效率一直影响着企业正常的生产经营。企业的盈利模式不仅是从销售环节赚取利润，也是在内部的监管中节省成本，从而得到企业更快、更好的发展。企业的现金对于投资者而言也是一项重要的参考，股东的投资大多数是以现金的方式进入企业，合理地进行投资资金的管理对于管理投资的资本也是十分重要的。企业的资产在现金的流动中不断地转化，从而获得更好的收益，或者为企业的管理做出贡献。在提高企业的现金管理意识方面，可以对员工定时进行现金管理重要性的培训，同时对现金管理缺乏的机制及时进行培训，对企业的领导进行密集的培训，从而让他们了解到企业现金量的重要性。企业的现金管理意识需要提高，需要在明确企业的现金管理要求的基础上逐步进行。

（二）建立现金管理监督制约机制

企业的现金管理制度需要企业内部的监督管理，我们需要改变以前现金管理方式，从低层次逐渐向高层次发展。不断完善企业的财务管理方式以及现金监管制度，是企业发展壮大的基石。低层次的企业现金管理方式需要不断地进行优化发展，从而确保现金

的正常运行和一切事物的处理，加强企业对日常经营的管控。

我们可以从以下几个方面进行优化：对于企业的领导者而言，我们应当不断地对领导的决策水平进行防控，提高领导者的决策能力以及风险防控能力，尽量减少可能遇到的主观上的财务管理决定，从源头上断绝现金影响公司运营的可能性。

对于财务人员而言，需要正确认识到企业财务管理的必要性以及提高相应的业务水准。专业的财务管理人员必须在企业进行财务管理的同时及时进行整理比较，从而得出良好的财务管理经验，及时地做出合理的决策并进行调整。

（三）制定科学的现金预算目标

科学的现金预算可以帮助企业提前制定公司的发展规划和发展目标，避免工作的无科学性和盲目性。科学的预算管理体制是衡量企业是否具有良好的财务管理体制的重要参考因素。在现金预算中，正确地估算公司的价值和公司的发展路径，对于影响企业的经济效应和预算目标的合理性具有十分重要的作用。在企业进行现金预算调整时，要及时根据每一季度的反馈及时进行修正，根据企业的实际情况进行预算目标的更改，也是企业实行现金预算的重要作用。企业可以采用滚动预算的方式设定现金管理的预算目标，通过寻找专业的企业管理咨询公司进行合理的管理体制建设。寻找专业的会计管理公司制定合乎公司发展的会计管理制度，重点发展预算制度。我国正处于社会主义市场经济化的决胜时期，必须加快企业的预算管理制度，防范可能出现的风险，才能不断地适应市场的变化。

改革开放以后，我国的企业形式面临着多样的变化，以往单一传统的企业现金管理模式已经不再适应现代企业现金管理的要求。发现企业现金管理的意义，找出企业现金管理出现的问题以及背后深入的原因，同时给出相应的建议，是现代企业必须面临或者解决的核心问题。只有这样才能不断地规范企业的现金管理模式，为我国企业的发展助力。

第四节　应收账款管理

在市场销售中，顾客可以使用现金支付货款，也可以使用信用支付货款，使用信用支付对于销售商来说就形成了所谓的应收账款。信用支付一方面可以增大企业在市场中的竞争力，另一方面还可以增大产品在市场中的占有和销售份额，以增加企业的利润额，所以企业在市场销售中通常会采取应收账款这种信用手段及营销策略。然而，虽然应收账款属于企业资产的范畴，应收账款的增加表面上看是企业的资产增加了，但是当企业的应收账款达到一定数目时，一方面会影响企业资金周转的灵动性，另一方面还会影响公司的利润，所以应收账款管理成为很多企业面临的重要问题之一。

一、应收账款的含义及形成原因

（一）应收账款的含义

应收账款是指企业在生产销售过程中，发生商品销售以及提供劳务等服务时，顾客没有采用现金支付，而是采用信用支付，因此产生的应收款项。它会因增加销售量从而增加利润，但是如果账款不能及时完整地收回，不但不能增加企业的利润，反而会降低企业的利润。

（二）应收账款的形成原因

（1）市场竞争。在应收账款的影响因素中，市场竞争占有主导地位。在现如今经济快速发展的时代，竞争无所不在，同样的质量条件下，购买者会比较价格；同样的价格条件下，购买者会比较质量。同一种类型的商品，市场上会有许多不同的质量、价格及服务。然而，很明显，企业如果想依靠产品的质量和价格在市场中站稳脚跟是很不容易的。因此，越来越多的企业采用赊销手段，这样可以招揽更多客户，扩大销售，增加销售额。然而由赊销产生的应收账款的管理成本也是不可忽视的，这些成本在一定程度上会影响企业的经济效益。

（2）很多企业在管理应收账款时没有明确的规章制度，或者相关的规章制度只是摆设。业务部门经常不及时与财政部门核对，导致销售脱离了清算，隐患不能及时表露出来。在应收账款数目较高的企业，当应收账款不能及时收回时，就会发生长期挂账的现象，影响企业的财务状况。

二、应收账款的管理方法

（一）选取资信状况较好的销售客户

影响应收账款收回的主要因素之一是客户的资金和信用状况。假设客户的财务状况比较好，而且一直遵守信用，那么应收账款收回的工作就简单得多。相反，如果客户的财务状况不好，并且信用程度也不高，那么应收账款的收回就会遇到很多的麻烦。由此可见，在条件允许的情况下，企业应该注意对销售客户资信状况的考察及分析。

（二）制定合理的信用政策

为保障良好的经济效益，企业应当对客户的基本情况进行了解，根据客户的经营情况、负债情况、偿还能力及其信用质量来制定合理的信用政策。所以要根据信用的五大标准，即品质、能力、资本、抵押、条件来综合评价客户信用状况，建立合理的信用政策。

（三）加强应收账款管理

产生的应收账款长期不能收回就成了坏账，会影响企业的实际利润。所以，当应收账款产生时，我们要增强对它的控制，尽量把它会产生的成本控制在企业可接受的范围内。收账政策是企业在应对如何及时收回应收账款时所制定的相关政策。企业可以采用现金折扣等催收方式。对于长期无法收回的，可以将其应收账款改为与应收账款相比具有追索权的应收票据，这样可以在一定程度上减少坏账的损失。必要时，也可以采取法律手段保护自己的合法利益。

三、应收账款日常管理中存在的问题及成因分析

（一）信用标准不合理

很多公司为了在短时间内增加销售额，在还没有对购买方的信用状况进行调查和了解，还不清楚货款是否能够及时收回的情况下，就对购买方销售了货物。同时，在采用赊销时，企业没有将自身的资金周转速度和财务状况作为制定现金折扣、信用期限等信用政策的一个重要参考，而是迁就购买方的情况和要求制定优惠政策。

当购买方没有在预定的信用期限内偿还所欠货款时，企业会打电话或电邮给客户催收欠款，但这样一般都没什么效果，企业仍然无法收回欠款。然后企业会派人去催收欠款，但多数人员在催收过程中稍遇困难就容易放弃，时间长了导致有很多应收账款一直挂在账上，一方面对企业资金的调配有所干扰；另一方面，随着时间的流逝，应收账款可能就成了坏账。

（二）企业内部控制存在的问题

在现如今的企业中，内部控制制度不完善是很常见的问题。内部控制制度不完善对应收账款的管理很不利。在产生应收账款后，企业要及时催收账款，出现应收账款不能及时收回时，要通知财务部门，财务人员要做好相关财务处理，将其计入坏账损失来冲减当年利润，尽量降低对企业财务状况的影响。在应收账款发生后，企业要及时地收回，不能及时收回的要计入坏账损失冲减当年利润。但是由于内部控制制度的不完善，再加上财务人员的实践能力不是特别强，应收账款的收回能力很有限。时间在推移，发生坏账的可能性也在跟着应收账款数量的增加越来越大。这样，企业的经济效益会受到很大的影响。

大多数企业员工的工资绩效往往与销售量成正比，却没有和应收账款的收回程度挂钩。在这种情况下，销售人员会为了业绩使用先发货后收款的手段，反而不太关心应收账款的收回情况。销售发生的应收账款若没有专门的人员去催收和管理，只会导致越拖越长，严重影响企业的财务状况。

（三）责任划分不明确

企业里每个部门的每个员工都有自己的工作，没有人会主动去管理应收账款。往往会等到应收账款数目较大时才去管理，但是这样又会造成前清后欠的状况。虽然应收账款是销售人员的工作产生的，即使公司规定销售部门承担收款责任，但是由于销售人员的能力是销售而不是收款，所以收款的工作进行也不会很顺利。

（四）企业防范风险意识薄弱

企业采用先发货后付款的模式，可能会减少企业的经济效益。一方面，企业缺少对购买方信用的考察和了解，并不能保证购买方会按约定的时间及时付款，也没有对购买方的资产状况进行准确的评估，购买方是否有能力付款或者及时付款都是个未知数；另一方面，企业没有对自身的财务状态进行评估，没有去权衡如果应收账款不能及时收回，企业有没有能力去承担这个风险。

四、完善企业应收账款管理的建议

（一）加强技术创新，提高产品质量

一个企业想要在竞争中脱颖而出并且站稳脚跟，就需要不断地改革创新，提高产品质量，顺应时代潮流。这就要求企业要对市场进行深一步的调查，全面了解现在客户需要的是什么，热衷于什么；同时优化内部体系，加大对技术创新的投入，激发创新思维，提高产品质量，生产顺应时代潮流的产品，提高企业的核心竞争力，这是企业能脱颖而出的关键。当然，企业也要与时俱进，了解国内、国外同行业产品的质量，要以优质为标准，与时俱进，坚决做到在质量上不输于其他任何企业，并做好相关售后服务工作。售后服务给客户在使用产品的过程中带来了极大的方便，也间接地对自己产品的质量做了一些保证。

（二）制定合理的信用政策

无论是单笔的赊销，还是多笔的赊销，企业在其发生之前就要对公司的财务状态进行评估，要明确企业能够承担多大的由应收账款带来的风险，而不是迁就购买方而制定不利于己的信用政策。

1．成立资信管理部门

由于公司各部门都是各司其职，所以公司应当专门成立一个资信调查管理部门，专门对购买方的信用情况进行了解，部门的工作人员要独立于销售部门，这样有力地避免了销售人员为了销售量的扩大对购买方进行信用标准的迁就。部门工作人员一方面要进行购买方信用的摸排，查清其信用情况，确定购买方能否及时付款；另一方面，也要时

刻关注购买方的资产财务状况，确保在约定时间内购买方有能力付款。如果发现购买方的信用或者财务出现状况，要在第一时间通知销售人员，要中断给其供货，然后要求销售人员尽快去收回购买方的前欠货款，防止应收账款的累积。

2．加强购买方资信的管理

购买方的资信是应收账款是否及时收回的保证，所以企业设立的资信管理部门要对购买方的信用五大标准进行全面的了解。这五大标准分别是品质、能力、资本、抵押、条件。品质是指购买方的信誉程度，也就是购买方会支付其应收账款的可能性。能力是购买方所具有的偿还应收账款的能力。资本是一种背景。这种背景是指购买方的财务状况和购买方能否偿还应收账款。抵押是指购买方用于支付企业应收账款所用的抵押物，或者无法支付企业应收账款时用其抵押的资产。条件是一种会影响购买方支付企业应收账款能力的经济环境。

（三）完善公司内部控制制度

1．加强购销合同管理

企业在进行销售商品时要有专门人员与购买方依法签订合同，公司的专门人员要有公司的授权。合同上要有准确交易明细。例如，若不是以现金支付，要在合同上约定好付款日期；若不能及时付清时责任的承担，以及注明超过一定期限后要走的法律程序。

2．明确业务考核情况

对于销售人员的考核不能只看销售额，而是要结合其销售额与收款额，并且要求谁销售，产生的应收账款谁负责催收，销售人员定期与财务人员核对应收账款收回情况，制订合理的催收欠款计划。当发现应收账款很难收回时，要及时告知财务部门，财务部门及时做坏账损失，尽量降低企业经济效益的损失。

（四）加强应收账款信息化管理手段，完善坏账准备制度

应收账款管理系统的主要任务是管理客户购销情况、开出的发票和收账过程等。现代很多企业经营范围繁多，销售情况不仅有零售，还有批发。完善的应收账款管理系统可以给业务量大的企业提供很大的方便和保障。所以，企业应当根据公司的自身情况购买或者开发一套和本公司应收账款管理情况相符的系统。在购买或者开发前，要事先与应收账款管理人员进行沟通，充分全面了解企业应收账款管理的情况，制定出符合企业应收账款管理状况的系统。这样，不仅可以减少企业在应收账款的管理上付出的成本，在很大程度上也会降低企业坏账的发生。

（五）合理采用法律手段保护企业权益

大多数的企业为了维持与客户的关系，催收款的力度并不大，导致很多客户会一拖再拖。当企业发现应收账款不容易收回时，可以适当用强制手段，例如法律手段。在最

佳诉讼期内，尽快使用法律手段保护自己的合法权益，降低企业在应收账款不能及时收回的情况下对企业财务状况造成的负面影响。

第五节　存货管理

一、存货管理存在的问题

（一）存货核算计量缺乏准确性

存货在企业的流动资产中占据很大的比重，贯穿于企业的供、产、销三个阶段。它计量的准确性与真实性对企业的财务报表与经营成果有很大的影响，准确真实地对存货进行计量是至关重要的。但企业的存货管理往往存在着核算计量不准确、缺乏真实性的问题，导致了企业不能对公司的各项指标进行行之有效的分析，以及信息使用者进行行之有效的投资决策。

（二）存货日常资金占用量过大

有些企业为了避免因缺货而不能满足顾客的需求量，或者错失了交货时间而造成的损失以及市场和利率变动所带来的风险，往往忽视了存货的资金占用情况和成本。企业为了保证生产不会因缺货而中断，对相关货物进行大量储备，使得日常资金被大量占用。这就导致存货的管理以及存货占用资金量的多少往往被企业忽视，逐渐造成了企业存货占用资金量过大的局面。

（三）存货采购计划不合理

采购过程中最薄弱的环节就是采购计划，它是非常关键性的环节之一。有些企业在存货采购方面缺乏缜密、合理的采购计划，领导者们往往凭借感觉或者根据自己的经验来判断是否需要进行存货采购、存货采购量、采购时间，而不是根据实际需要进行申报采购，没有考虑是否适应市场环境的变化，使得主观因素大于客观存在因素，从而影响了采购存货的科学性。

（四）存货管理制度不健全

1. 存货收发存制度不健全

虽然企业已经建立了一定的存货管理制度，但是在公司实际生产经营过程中这些规章制度很难被遵守执行。例如，企业建立的存货验收制度、发出制度和储存保管制度，这些制度都规定了如何对存货进行管理，但是真正执行起来却出了问题。例如，有些企业在验收入库环节，由于没有及时对采购回来的原材料等物资进行验收，影响了企业的生产。在存货发出阶段，发出存货的计价方法选择不合理，没有遵循一贯性的原则。在仓库储存保管环节，由于仓库管理人员往往是从数量上进行看管，防止货物被盗、丢失，而质量方面是否有问题很难察觉，等到货物出现质量问题时才向相关部门进行汇报，此时已经给公司造成了损失。

2．存货内部控制制度不健全

企业的内部控制过于薄弱，岗位责任制不明确，监督检查不到位，并且存货管理职位没有切实分离。存货的采购、验收入库这些工作往往是由同一个人完成的，采购价格是与供应商直接协商，没有建立价格联审委员会，没有其他人的监管与制衡，缺少权限之间的制约，使得一些人员通过该缺口徇私舞弊，为了获取更多的个人利益而损害公司的利益。

二、存货管理中存在问题的原因分析

（一）信息技术水平落后

现在有些企业存货管理模式比较传统和僵硬，信息技术水平相对落后，没有实现信息化的系统管理，也没有完全实现电算化管理。传统的存货管理模式大大降低了企业对存货进行管理的效率，同时也增加了企业的管理成本。企业大多数采用手工记录的方式，不能严格地按照会计核算制度进行核算，使得大量的信息不能及时准确地被使用，企业存货的情况不能被真实地反映，公司生产管理方式的要求不能被满足，公司所使用的计价方法不统一；同时由于存在大量人为因素，严重影响了公司的工作效率，降低了核算的准确性、及时性和真实性，进而影响了企业的生产经营效益。

（二）存货积压过多带来的负面影响

企业为了避免由于存货储备不足而造成生产经营不能正常进行、延误交货时间的情况发生，就会大量进行采购，加大公司存货储备量，从而导致存货积压。目前，仍然有许多企业仅把存货作为公司的资产，对存货的变现能力认识比较肤浅，如果持有存货量过多，存货在储存过程中发生的仓储费、搬运费、保险费、占用资金支付的利息费等储存成本就会上升，使得公司付出更多的成本，当公司的资金被存货大量占用时，公司的财务风险就可能被加大。这些最终都增加了公司存货管理成本和存货占用的资金量，降低了资金周转率和公司的经济效益。

（三）存货管理重视程度不够

有些企业的管理者认为存货管理仅仅是对存货进行保管，不能给公司创造价值，也不会给予太多的重视，往往特别关注公司的生产、销售等环节，把它们看作重中之重，很难认识到存货管理的重要性，导致在存货管理方面的人力、物力等资源分配不合理，存货管理内部控制与监督机制的效力大大减弱，进而加大了存货管理的混乱性，以及存货管理过程中进行徇私舞弊的可能性，最终增加了公司损失。

（四）缺乏信息资源共享与沟通

企业各个部门都是相互关联的，就像是一张密不可分的网，包含的信息被共同分享。但是有些企业通过人工传递这些收集和交换得来的信息方式，会使得这些信息不能及时准确地被共享。由于企业各部门之间缺乏沟通，每个部门对存货的数量要求是不一样的，而且它们为了实现各自利益最大化的目标，就会产生一些冲突，造成公司不能准确合理地对存货量进行调整，同时也加大了存货管理的成本。

三、针对存货管理问题提出的相关建议

（一）确保存货核算计量的准确性

对存货准确地进行核算与计量，是公司做好存货管理的重要环节。为了提高存货核算计量的准确性以及存货管理的效率，一方面企业要严格按照《企业会计准则》的要求对存货进行核算与计量；另一方面，企业需要不断地提高信息技术水平，建立健全的信息系统，运用先进的电子科技与网络技术来提高信息传递的效率，提高电算化的利用程度，建立更加完善的电算化存货管理系统，逐步减少传统的手工操作。

（二）降低存货积压占用的资金量

存货积压过多造成了公司大量的资金被占用，资金周转率严重下降，所以通过对存货进行合理规划来防止存货积压过多情况的出现。企业可以采用以下方法对存货进行合理的规划，如企业应当对市场进行充分调研，对消费者需求以及消费心理进行充分了解，能够准确判断消费趋势；或者聘请专业机构、人士进行分析，对市场需求量做出准确判断。企业也可以采用经济订货批量法进行采购，确定最佳订货量，使得存货库存量以及存货相关总成本最小。同时还需要及时对库存进行盘点，对公司的存货库存情况达到准确的了解，为合理的存货采购提供依据，进而减少存货积压发生的可能性。

（三）制订合理的采购计划

合理的采购计划会使公司生产经营活动正常进行，减少存货积压或短缺的可能性。制订科学的采购计划，一方面需要严格遵守执行公司制定的存货采购授权批准制度，按照规章制度办事，从而加强存货采购过程的合法性，进而能够有效控制存货的采购数量。另一方面需要加强企业各部门间信息资源共享与沟通，采购部门要和其他部门保持紧密的联系。企业各个部门之间是相互关联的，可以通过现代的信息技术共享存货信息，以

便及时准确地使用公司的信息，从而使得效率得到提高。

（四）制定合理的存货管理制度

1．完善存货收发存制度

企业要建立更加完善的存货收发存制度。首先，要完善存货的验收制度。在存货进行验收时，要及时对原材料等物资进行验收，建立详细准确的账簿。其次，对于存货发出的制度也要进行完善。一定要选择合理的发出存货计价方法，如果没有特殊情况，发出存货的计价方法一经确定，不允许随意更改，要遵循一贯性的原则。在存货发出时，要严格按照正确的领用程序进行审批，准确填写领用单据，妥善保管，以便后期进行核查。最后，要对存货的保管制度进行完善。仓库保管人员不能仅仅对存货的数量做检查记录，还要对存货的质量、规格等项目做检查记录，以防存货不能达到公司的需求。还需要定期检查存货，以防存货变质、毁损、报废等情况的发生。

2．调整内部控制制度

内部控制做得好是存货管理的重要保障。首先，企业领导层要加大对存货管理重视程度，充分认知其在公司生产经营过程中的重要性，加大存货管理内部控制制度建设。其次，要制定不相容职务相分离的原则，确保各个岗位之间能够做到相互分离与相互制约。再次，要加大授权批准的力度，对授权批准相关的程序、手续、方法和措施进行明确阐述，不能超越权限范围办理授权批准。对于越权的审批，要及时向上级汇报。未经授权批准的人员不得进行存货业务的办理。最后，还需要进行定期的检查和时刻的监督。公司要设立专门的检查监督小组，对存货管理的整个流程进行严密的检查与监督，使内部控制行之有效。

存货管理对企业来说是非常重要的，有效的存货管理能够提高资金周转率、存货利用率，进而提高企业经营效率和效力，增加企业经济利益。本书对企业存货现存问题进行原因分析，进而提出解决建议与对策，有利于企业更好地进行存货管理，最终实现提高企业经济利益的目标。

第六节　短期融资融券的财务风险

融资融券作为证券信用交易中十分重要的一种业务形式，也成为国外证券市场较为普遍的一种交易制度，对于发挥证券市场的职能起着十分重要的作用。鉴于融资融券，尤其是短期融资融券拥有的杠杆效应和双面效应，以及做空机制，对于如何认识以及预防和控制风险都是十分重要的课题。本书重点分析的是短期融资融券本身拥有的财务风险，并且重点分析如何规避这些风险。

一、短期融资融券的财务风险

（一）杠杆交易风险

融资融券又被称为一种杠杆式的投资工具，这也是一把锋利的“双刃剑”。对于企业而言，企业把股票当作担保品开展融资的过程中，不仅要承担本身拥有的股票价格的不断变化给企业带来的风险，而且还要承担企业对其他投资股票有可能带来的风险，此外，还要支付一笔巨额利息。此外，由于融资融券交易是十分复杂而又烦琐的系统工程，复杂度非常高，可能导致企业投资失误或者是操作不当，企业有可能面临巨额亏损。对于企业而言，一旦面临股价深跌的风险，投资者则需要投入巨额本金，也可能一夜间化为乌有。

（二）强制平仓风险

根据我国《证券公司融资融券业务试点管理办法》中第二十六条明确规定，证券公司需要实时计算企业提交担保物的价值及其欠下的债务占比。也就是说，如果企业的信用账户这一比例明显低于130%，则意味着证券公司将有可能会通知企业补足差额。但是如果此时企业并未按照要求进行补交，则证券公司是可以按照合同约定对其上交的担保物进行处理的，也就是通常所说的强制平仓。很多时候，融资融券交易和期货交易模式是一样的，都需要企业在交易的过程中监控其上交的担保物的占比情况，保证其能够满足基本的维持保证金占比。由于融资融券具有保证金可以持续支付这一特点，这就需要投资企业在融资买进阶段购买的股票需要在股票下跌过程中面临极为严峻的“逼仓”现象。所以，融资融券交易会促使投资企业实施的行为变得短期化，而且市场博弈十分激烈，很难对投资企业进行管理。如果投资企业并未按照规定上交或者是补足担保物，又或者是到期末还有很多没有偿还的债务的情况下，将有可能被证券公司要求强制平仓，但是平仓获得的资金却需要优先用于偿还客户欠下的债务，剩下的资金才能真正进入客户的信用资金账户，这对于企业而言，很难保证资金链的顺利流通，一旦发生资金链断裂，对企业将会造成致命的打击。

（三）流动性风险

由于融资融券这种交易方式大部分是短中线操作的，虽然这种交易方式能够有效促进证券的流动性。但是，随着其流动性的不断提升，也会给企业带来极高的交易成本，而且交易成本最终也会分摊到投资者身上。由于投资者还需要在完成交易之后上交融资利率，这对于投资者而言无疑增加了交易成本。再加上融资融券主要是针对个股，个股经常出现涨跌停或者是停牌的现象。因此，面对这种情形，卖券还款或者是融资购券都会面临阻碍，将有可能给企业带来更大的流动性风险，对于企业和投资者都是十分不利的。

（四）交易成本偏高风险

由于融资融券业务主要的交易成本构成是证券交易的佣金以及证券交易所收取的印花税和相关费用等交易成本，此外还有融资利息以及融券费用。从当前情况来看，首批试点的券商融资融券利率和费率分别是7．86%和9．86%，这个标准和国际是一样的。但是单笔融资债务的期限最高是6个月。除此之外，投资者需要额外支付违约金和信用额度管理费等费用。只有当投资者获取的投资收益高出费率和利率，才能真正实现获利，这种财务风险是非常高的。

（五）内幕交易风险

对于融资融券而言，极有可能面临严重的内幕交易风险。如果获得了利好或者是利空的消息时，鉴于融资融券拥有的做空机制及杠杆性原理，内幕交易人员大部分都会马上进行融资或者是融券，以期望实现超额收益，进一步加剧整个证券市场的波动性，这种波动性带来的恶性影响是极大的，对其他投资者带来极大的损失。

二、规避短期融资融券的财务风险的措施

（一）加强专业知识的学习

对于投资者或者是投资企业而言都应该加强相关专业的知识学习，掌握更多交易规则以及有关信息。对于投资者而言，其在实施融资融券交易之前，都需要充分熟悉和融资融券有关的业务规则，尤其是应该关注和了解证券公司近期公布的和融资融券交易有关的信息。例如，担保品证券和折算率等。

（二）不断提升交易和投资能力

对于投资者而言，一定要具有十分理性的认识，尤其是要控制好自身的投资风险，特别是在个股趋势和市场发展都极其不明朗的情况下，切不可盲目投资，以免造成难以弥补的损失。对于普通的投资者而言，则需要在交易的过程中严格遵守国家法律法规，做到尽力而为、量力而行，不要把所有家当都一次性投入。在选择股票的过程中，还应该选择那些流动性好以及基本面宽的蓝筹股当作融资融券的标的。此外，还应该充分利用融资融券拥有的风险对冲以及相关的防范功能，做到稳定投资，稳定收益。

（三）合理利用杠杆比例

根据交易规则，融资融券交易利用财务杠杆放大了证券投资的盈亏比例（放大的比例与保证金比例和折算率有关系，即保证金比例越低，折算率越高，融资融券交易的财务杠杆也越高），客户在可能获得高收益的同时，造成的损失也可能越大。因此，投资

者在进行融资融券交易前，应充分评估自身的风险承受能力，时刻关注担保比例指标，防范强制平仓风险。

投资者参与融资融券业务，可通过向证券公司提供一定比例的保证金，借入资金买入或借入证券卖出，扩大交易筹码，具有一定的财务杠杆效应。追加担保物与强制平仓风险，是融资融券交易区别于现有证券交易的最大风险，投资者在参与融资融券交易时应重点关注。

第四章　企业资本运作风险管理

第一节　企业融资风险管理

一、融资风险的含义

融资风险是企业在筹资过程中，由于资金供应市场、宏观经济环境的变化，或者融资来源结构、币种结构、期限结构等因素给企业财务带来的不确定性。

企业的资金来源渠道正呈现多元化的发展态势，但筹资方式概括起来有两种：债务筹资和权益筹资。不同筹资方式承担的风险是不同的。债务筹资受固定的利息负担和债务期限结构等因素的影响，当企业经营不善，特别是投资收益率低于债务融资成本率时，可能产生不能按时还本付息甚至破产的风险。权益筹资则受股权资本市场的影响较大，以上市公司为例，当企业投资收益率不能满足投资者的收益目标时，投资者可能抛售其股票，造成股价下跌，增加企业的再筹资成本，特别是企业经营发生困难时，竞争对手可以通过市场收购其股票，吞并企业。为了有效控制筹资风险，企业除需要慎重选择合适的筹资方式外，还需要选择适当的筹资时机、筹资规模、筹资工具等。

二、融资风险产生的原因

融资风险是指筹资活动中由于筹资的规划而引起的收益变动的风险。按风险产生的原因，融资风险分为以下两大类。

1. 现金性融资风险

即企业在特定时点上，现金流出量超出现金流入量而产生的到期不能偿付债务本息的风险。它是由于现金短缺、债务的期限结构与现金流入的期限结构不匹配引起的，是一种支付风险。

2. 收支性融资风险

即企业在收不抵支情况下出现的不能偿还到期债务本息的风险。企业发生亏损，将减少作为偿债保障的资产总量，在负债不变的情况下，亏损越多，企业资产偿还债务的能力也就越低。终极的收支性财务风险，表现为企业破产清算后的剩余财产不足以偿还债务。

债务融资风险与以下因素有着密切关系：① 举债经营效益的不确定性；② 现金收支调度失控；③ 资本结构不合理；④ 金融市场客观环境变化。

三、融资风险管理

（一）融资风险控制措施

1. 注重资产与负债的适配性，合理确定长短期负债结构

按资产运用期限的长短来安排和筹集相应期限的债务，是规避现金性风险的有效方法之一。如购置机器设备等固定资产需要长期占用资金，则应选择长期筹资方式，如长期借款；而季节性、临时性等原因引起的短期资金需求，则应用短期负债来解决。由于资产运用时间与负债偿还的期限基本一致，既可以降低和规避企业债务风险，又可以提高资本收益率。相反，如果将短期负债用于长期资产的需求，则企业需要举新债还旧债，将加重企业偿债的压力，面临较大的现金性财务风险；如果用长期负债满足短期资金的需求，则会造成资金浪费，提高资金成本。

2. 合理确定资产负债率，严格控制负债规模

收支性风险在很大程度上是由于资本结构，即资产负债比例安排不当形成的，如在资产收益率较低时安排较高的资产负债率。合理确定资产负债率，严格控制负债规模，是规避收支性财务风险的重要方法之一。

3. 加强经营管理，提高企业盈利能力

提高企业盈利能力是降低收支性财务风险的根本方法。如果企业盈利水平较高，净资产增长较快，就可以从根本上消除收支性风险。

4. 合理预期利率，适时选用借款的种类

利率呈现上升趋势，应采用长期负债筹资，避免未来利率上升增加利息支付；利率呈现下降趋势，应采用短期负债筹资，减少未来的付息压力。

（二）融资风险的应对策略

1. 风险规避

风险规避是指放弃某种借贷资本或短期负债的融资，以避免给企业带来局部或整体的被动。这种情况一般是债权方要求过高，代价太大，企业因不能承受而不得不使用的处理方式，如过高的承诺费、补偿性余额或抵押要求等。

2. 风险接受

风险接受是企业认为某种融资方式带来的财务风险在偏好内，可以不通过采取控制、

转移等手段而接受下来。

3．风险转移

风险转移是指应债权人要求或企业自身感觉对未来的不可预知性，将财务风险与第三者或其他方共担或转嫁，如请求担保、租赁、按揭等。

4．风险利用

风险利用是指企业抓住商机和理想环境，对融资产生的风险加以更为有效的使用，即奇货可居的风险战略。如并购、反并购、债务重组等。

5．风险控制

风险控制是指通过采取一系列测算、组合、对冲、营运等途径将融资风险控制在风险偏好之内。对于企业确定的融资风险基准评价指标数值，在实际融资时，可以就有关方面进行测算并与其对比。

6．债务重组

当企业出现严重亏损、无力偿还债务时，可通过与债权人协商，采取减免债务、降低债息及债权转股本等方式，实施债务重组，从而降低企业收支性财务风险。

各企业应综合自身的业务特点，采取以下措施控制融资风险发生：① 要设定本企业的目标值及容忍度；② 要及时预测项目的预测值；③ 确定风险等级；④ 寻找产生风险的原因，针对不同动因拟定措施，防范风险发生及进一步扩大。

第二节 企业投资风险管理

一、投资及投资风险

1．投资的含义

投资是指以收回现金并取得收益为目的而发生的现金流出。例如，购买设备、兴建工厂、开办商店、开发一种新产品、购买专利、购买政府公债、购买公司股票和债券等，都要发生现金流出，并期望取得更多的流入。公司投资按不同标准可分为直接投资与间接投资、长期投资和短期投资等。

投资风险是指长期投资项目未来的不确定性所带来的损失，如建立新的生产线和营业机构、研究开发新项目、收购合并等，不能为股东带来合理的回报，甚至发生亏损的可能性。

2．项目投资的特征

项目投资是指公司为形成一定的生产或服务能力，以满足社会与市场需求，在一定时期内对特定领域进行投资并形成固定资产，并在未来一段时期内逐步实现投资回收、投资盈利及投资效益的经济活动。项目投资是企业资金运用的主要领域，对企业发展影响巨大，是企业调整产品结构、实现产品更新换代、增强企业竞争实力的主要途径。其特征是投资时间长、投入数额大、投资决策复杂且难度大、影响投资效果的因素多、投资效果持续时间长、投资转移性与替代性差等，项目投资的特征决定了具有很大的风险性。

3．收购兼并投资

这类投资魅力大，成功率低，而有时兼并后由于企业文化的不同，不易管理，往往对兼并后的工作造成极大的损失。

投资风险是一种典型的投机性风险，既可能带来收益，又可能带来损失。

二、投资风险产生的原因

认真研究分析投资风险产生的原因，对防范与抑制风险的产生有重要意义。现根据项目形成的不同阶段分析如下。

（1）项目前期阶段，可能导致投资损失风险的因素有：① 情况不明，仓促决策。② 方法不当，估算有误。③ 考虑不周，缺项漏数。④ 弄虚作假，不负责任。⑤ 审查不细，把关不严。

（2）项目建设阶段，可能导致投资损失风险的因素有：① 施工工程拖长，不能按计划投产。② 工程及设备产生质量问题，进行返工。③ 项目建设组织管理不严，资源调配不当，从而造成投资损失。

（3）项目投产初期阶段，可能导致投资损失风险的因素有：① 市场环境的不利变化，导致产品价格可能下跌，材料费用上涨。② 不重视人员素质提高与培训工作，员工素质不适应。③ 企业内部环境不健全，不能发挥应有的作用等，因而带来投资损失。

综上所述，造成投资实际效益偏离预定目标的主要原因是：项目经济寿命的变化、产品成本的变化、产品价格的变化、生产能力的变化、市场需求的变化、建设期的变化、投资总额的变化等。这些变化有些是有利的，有些是不利的。提高预测的科学性和准确性，是防范投资风险的最有效方法。

三、投资风险的管理

（一）投资环境分析

投资是企业生存发展的需要，是经营者面临的重要任务之一。经济在发展，科技在进步，市场需求在变化，特别是进入国际市场后，投资的机会处处都有，经营者必须抓住有利时机进行投资，开发新产品，采用新技术，才能提高企业的竞争力，适应社会的发展，因循守旧，不求发展，“前怕狼，后怕虎”的经营者必然被社会所抛弃，因此，投资发展创新是时代的需要。

（二）投资风险规避

公司要规避投资风险，方法之一是多角化投资，“不能把鸡蛋都放在一个篮子里”，否则一旦该项目失败，就会全军覆灭，使投资全部遭受损失。把资金投放在多个项目上，有的发生损失，有的获得收益，这样就可以分散风险。分散风险的方法有以下几种。

（1）地区的分散。地区的分散可以分为国内与国外的分散、城市与乡镇的分散和地区的分散。当今走出国界，进行投资求发展是最好的时机。

（2）行业的分散。不同的行业特点和商业周期的波动情况是不同的，某个行业处于萧条时，另一个行业就可能处于繁荣阶段，进行多行业投资可以更好地发展。

（3）企业单位的分散。不同单位的特点和经营状况的变动情况是不同的。公司对外投资时，可将资金投放于多个公司，以降低公司持有的风险。

（三）投资风险控制

对于不可分散的投资风险，必须对其采取必要的措施进行控制。控制投资风险的方法有以下几种。

（1）利用咨询服务。利用咨询服务可以在投资前进行可行性研究，投资后实施有效控制，聘请长年投资顾问，可以防范和减少风险产生。

（2）投资风险转移与风险利用。在资金许可的情况下，根据投资未来收益的分析，可以将资金分散在几个可行的项目下，进行多元开发，实行风险中和，也可以将工程项目一次性发包给承包公司，海外投资可向保险公司投保，还要考虑外汇风险等。

（3）回避风险。对于那些投资风险太大的投资项目，公司只有放弃，才是最有效的选择，不能盲目投资。

（4）减少风险。当投资风险无法回避时，公司只有采取措施，配备资源，争取外援，减少风险损失。

总之，企业在经营过程中，投资是不可避免的，要投资就有风险，没有风险的投资项目，是不会有好效益的，效益和风险并存。其关键是密切关注市场变化，及时抓住投资机会，实施科学决策和有效控制，减少风险，求得企业发展。

第三节　高风险投资业务风险控制

一、高风险投资概述

随着市场经济的进一步发展，货币、证券等金融市场日趋活跃，企业之间、企业与金融机构之间的交易日益频繁，为了便于企业之间的交易和结算，金融行业不断推出新的结算方式，创造新的金融工具。相应地，许多企业在主营业务之外还涉足高风险业务。企业的高风险业务主要有以下几种。

1．外汇交易

企业由于对外贸易和境外投资，需要用不同货币结算和支付，从而在外汇市场上不断进行买卖外汇的活动。

2．证券交易

企业买卖依法发行的股票、债券、国库券等有价证券。

3．金融衍生工具

在股票、债券、利率、汇率等基本金融工具基础上派生出来的新的金融合约，主要包括远期、互换（掉期）、期货、期权四种。其中，期货和期权是非金融企业最常从事的交易。

（1）远期，即约定签约双方在将来某一确定的时间，按规定的价格购买或出售某项资产的合约。远期合约通常是在金融机构之间或金融机构与企业客户之间，或各个大企业之间签署的，没有标准化的格式和制度化的交易程序，一般不在规范的交易所内交易。

（2）互换（掉期），即两个交易对手约定将两者未来的现金流进行交换的协议。根据交换对象不同，一般可分为利率互换、货币互换、商品互换和股票收益互换等。

（3）期货，即买卖双方在有组织的交易所内，以公开竞价的形式达成的、在将来某一特定日期交割标准数量的协议。根据交易对象不同，可分为商品期货、货币（外汇）期货、利率期货、股票指数期货等。

（4）期权，又称为选择权，即约定签约双方中支付期权费的一方有权在合约有效期内按照敲定价格与规定数量，从对方买入或向对方卖出某种或一揽子金融工具的合约。按期权的执行时间不同，可分为欧式期权和美式期权，前者的期权持有者只能在到期日才能行使权利，后者的期权持有者可以在到期日之前的任何时间行使权利。按期权的标的资产不同，可分为商品期货期权、股票期权、外汇（货币）期权、利率期权、股指期权、期货期权、股指期货期权、外汇期货期权等。

4．委托理财

企业在生产经营过程中出现闲置资金时，将其委托给专业性的投资机构投资于股票、证券等金融工具以获取收益。委托理财是企业资产营运的一种方式，其主体包括两方：一方是拥有闲置资金的企业，即委托方；另一方是具备一定资质的投资机构，即受托方。

二、高风险业务的财务管理

虽然企业从事高风险业务可以减少损失或者获得较高的收益，但管理失控也容易引发较大的甚至是致命的风险和损失。例如，美国“安然事件”的导火索之一，就是公司造假账掩盖其在能源商品衍生交易中对冲失败承受的巨额损失。又如，“中航油事件”的爆发是因为企业财务失控，造成石油期货交易巨亏 5.5 亿美元。企业随着越来越多地从事期权、期货、证券、外汇交易、委托理财等业务，必须加强相关的财务管理，从根源上降低风险损失。财政部印发的《商品期货交易财务管理暂行规定》，对如何加强企业商品期货交易财务管理提出了系统要求，这对其他高风险业务的财务管理也很有借鉴意义。

1．资金管理

（1）用于高风险业务的资金来源必须合法合规。例如，企业通过证券市场募集到的有指定用途的专项资金，企业内部职工集资款或应付工资、教育经费等对个人的负债，均不能用于从事高风险业务。国有或国有控股的企业不得为从事高风险业务而向外单位拆入资金，或专门向银行及非银行金融机构申请借款。

（2）高风险业务不得影响主营业务的正常开展。高风险业务的资金投入不能挤占主营业务所需资金，舍本逐末。

（3）对资金进行授权管理。企业应确定最高风险业务投资限额，不同业务、不同级别管理人员的授权投资限额，以及特别授权事项及程序等，报经批准后，严格执行。

（4）执行严格的付款程序。企业投向高风险业务的资金必须经过严格的审批程序后，才能支付。

（5）制定退出及止损策略。例如，企业应规定资金在保值状态下退出；如果预计损失太大，则应以损失最小为原则进行止损。

2．合同管理

（1）签署合同的授权。企业应根据合同金额大小、业务种类，对各级管理人员授权，管理人员必须在授权范围内签署合同。

（2）注意合同的合法性。规定合同中通用条款与专用条款之间的关系，条款之间出现争议时的解决方法。涉及涉外合同的，合同中应该明确规定当两种文字出现歧义时，以何种文字为主，以保护双方的合法权益，减少损失。

（3）合同执行全过程的追踪管理。合同在签订与执行过程中，应当落实责任追究制度，并与相关责任人员的业绩考评和薪酬分配挂钩。

3. 文件记录管理

企业应通过建立台账、备查账等对高风险业务进行管理，保管好有关合同、交易资金结算单据、内部业务授权文件等资料，指定专人定期核对业务交易账户资金变动情况，跟踪监督业务交易情况，发现问题和情况及时报告。

4. 高风险业务的交易报告制度

企业应当建立高风险业务的报告制度，全面、及时披露高风险业务的有关信息。对于交易业务量、现金流量、盈亏状况等信息，从事高风险业务的经营管理人员应当及时向财务部门报告，财务部门应当及时向企业高层管理人员报告。企业对外报告的内容主要包括以下几个方面。

（1）各类高风险业务的管理政策和计量方法。

（2）分类披露现有高风险业务的合同内容。

（3）分类披露现有高风险业务的账面价值、公允价值、风险敞口（头寸）及其形成原因等。

（4）分类披露现有高风险业务资产减值的详细信息。

三、高风险业务的风险控制

1. 高风险业务的风险类型及一般控制方法

（1）市场风险，即由于市场价格变动（如市场利率、汇率、股票、债券行情变动）造成亏损导致的风险。企业可通过科学预测或采用特定的套期保值等方法来降低这类风险。

（2）信用风险，即由于合约对方违约或无力履约而导致的风险。企业可通过对合约对方的信用状况进行充分调查，要求对方交付保证金等方法降低这类风险。

（3）流动性风险，即由于无法在市场上变现、平仓或现金流量不足导致的风险。企业可通过控制资金缺口额度来降低这类风险。

（4）操作风险，即由于不合格的计算机交易系统或清算系统、不完善的内部控制、不适用的应急计划以及人为的操作错误、管理失误等导致的风险。企业可通过更新操作硬件设施、制定规范的操作程序、增强有关人员的工作责任来降低这类风险。

（5）法律风险，即由于合同在法律上无法履行，或合同文本有法律漏洞导致的风险。企业可通过使用格式合同文本、聘请法律顾问等方法来降低这类风险。

2. 证券交易风险控制

（1）通过分散投资来分散风险。首先，分散证券种类，即在股票和债券这两种证券上做适当的分配。其次，分散到期日，即对证券组合中的到期日加以必要的分散，避免集中在某一天或一段时间内。再次，分散投资的部门和行业，如新兴行业和夕阳行业。最后，分散投资时机。

（2）选择适合企业实力的证券组合并随时调控证券组合。证券组合种类有低风险证券组合、中等风险证券组合和高风险证券组合。企业在选定的组合中，由于各种证券的预期收益与风险经常受多种因素影响而变化，需要进行调整。

3．外汇交易的风险控制

（1）使用金融衍生工具，即签订外汇远期、互换（掉期）、期权合同，对外汇进行保值。

（2）资产负债平衡法，即安排外汇资产和外汇负债的结构，使企业在同一时期内的资金流入和流出金额基本相等。

（3）资金调度法，即增强企业资金调度的灵活性，如增强提前或推迟收付外汇的能力。

（4）币种选择法，企业出口时争取以硬货币计价，进口时争取以软货币支付。

4．委托理财的风险控制

（1）评估受托人投资管理能力和信用情况。选择受托人时，应当关注受托人的信誉、受托人的治理结构及风险控制程序、受托人的历史业绩及管理经验，以及所管理资产规模的大小。这是从源头上控制委托理财风险的办法。

（2）合理控制委托资产与总资产的比重。如果委托资产占总资产的比重过大，企业不可控风险就会增加，并影响主营业务的正常开展。

（3）增加委托合同签订和执行的透明度。委托理财业务自开展以来，许多因此出现问题甚至倒闭的企业，都存在经营者在合同的签订和执行过程中与受托人勾结、合谋，转移资产或者掩盖损失的情况，造成财务失控。

（4）跟踪监督，及时收回收益或止损。企业应要求受托人定期向其报告理财情况，按合同约定保证及时收回理财收益，或者在市场环境发生较大逆转时，或者受托人的财务状况恶化时，及时止损。

第五章　企业财务管理

第一节　财务管理的特点

随着以科学技术为主体的知识的生产、分配和使用（消费）在经济发展中所占比例逐年大幅提高，管理显得日益重要。要使科学技术转化为生产力，就必须依赖于科学管理。只有科技和管理的共同进步与发展，才有可能保持经济的快速、健康增长。财务管理作为企业管理的重要组成部分，是关乎资金的获得和有效使用的管理工作，财务管理的质量直接涉及企业的生存与发展。由于企业生存环境的复杂、多变，企业财务管理的观念、目标、内容、模式等都必定受到巨大影响与冲击。

一、企业财务管理的特点

企业财务管理具有以下特点。

（一）企业财务管理手段的智能化

随着计算机辅助管理软件在财务管理工作中应用的不断深入，企业财务管理的信息化和数字化程度不断提升，企业管理手段日趋程序化，管理效率大幅提升。在财务管理中，为了排除人为因素的干扰，最大限度地削减随意性和盲目性的管理，企业引入管理信息系统（MIS），这样，企业财务管理日趋缜密和简化。另外，网络技术的运用，公司财务管理人员可以足不出户，远程财务管理已成现实。

（二）企业财务管理目标多元化

企业财务管理目标是与经济发展紧密相连的，并随经济形态的转化和社会的进步而不断深化。企业的生存与发展必须依赖员工富有创新性的劳动。为此，企业必须把“员工利益的最大化”纳入其财务管理目标之中，还有对于与企业关系密切的集团，如债权人、客户、供应商、战略伙伴、潜在的投资者、社会公众等，满足这些集团的利益需要，也是企业财务管理目标的组成部分。同时，专利权、专有技术、商标、商誉、信息等以知识为基础的无形资产在企业中所发挥的作用越来越大，由此扩展了资本范围，改变了资本结构。而不同的资本所有者对企业均有经济利益方面的要求，这决定了企业经济利益不仅属于股东，还属于相关利益主体。参与企业利益主体的多样性和财务管理活动的层次性，决定了财务管理目标的多元化结构和层次性结构，这就要求财务管理目标不可能简单等同于以个人利益为主体的个人目标，而是所有参与者利益博弈的结果，即它是所有参与者共同作用和相互妥协的结果，是一个多元化、多层次的目标体系。

（三）企业财务管理战略以生存为先导

企业未来财务活动的发展方向、目标以及实现目标的基本途径和策略是企业财务管理战略关注的焦点。企业财务管理战略的总体目标是合理调集、配置和利用资源，谋求企业资金的均衡、有效的流动，构建企业核心竞争力，最终实现企业价值最大化。实施企业财务管理战略管理的价值就在于它能够保持企业健康的财务状况，有效控制企业的财务风险。在市场经济条件下，资金和人力资源作为企业的核心资源，企业一旦陷于困境或破产，人力资源则会重返劳动力市场，难以用来偿债，只有资金类资源才可以用来偿债。这就说明企业在发展战略上，必须坚持以“生存”为先导，始终保持企业的可持续快速发展。

（四）企业财务管理强调科学理财

企业财务管理的地位和作用，受全球经济一体化进程的加快、跨国公司国际投资引起的国际资本流动以及我国货币融资政策的调控影响而日益突出。企业财务管理必须不断吸收先进的财务管理经验和成果，大力增强现代理财意识，以积极的态度掌握和运用理财的创新工具，努力掌握现代理财技巧，助推企业健康、稳步地实现快速发展，最大限度地有效化解企业的生存风险。一般来说，企业的生存风险主要包括经营风险和金融风险。经营风险主要存在于产品的更新换代，以及新产品的开发与研制方面；金融风险主要表现在企业的发展越来越离不开金融市场。这是因为金融市场的配置效率越来越高（经济全球化的驱使、信息技术的快速发展、各种金融工具的不断创新、交易费用的相对降低），资金的流动性更强，企业可以充分运用金融工具，合理化解金融风险；将闲置资金在金融市场上进行科学投资，提高资金使用效率。这样，企业的生存发展与金融市场息息相关，企业面临的金融风险将更大。在动态的金融环境中，如经常性的利率、汇率的变动，不利于企业的变动很可能使企业陷入困境，乃至破产。在动态的金融市场中，如果投资组合决策出现失误，可能使企业陷入财务危机。因此，企业财务管理必须大力提高理财技能，以保证最大限度地降低财务风险。

（五）企业财务管理对象交叉化

随着我国市场经济的快速稳步发展，社会分工进一步细化，团队协作日显重要。为了更好地适应社会和经济的发展，行业之间、企业之间、企业内部各部门之间，财务管理边界出现了“渗透”，财务管理需要以企业整体为单位，即纵向职能部门的财务小团体的组合，横向职能部门的财务组合，还有其他各部门的密切协作；客户、供应商以及其他与企业保持利益关系的人才都应该纳入财务管理对象之列。这样，跟以往相比，企业财务管理对象就呈现出交叉化的特点，交叉化管理不但能充分挖掘本企业的财务潜能，同时也能充分利用相关单位财务管理方面的积极因素。

（六）企业财务管理的专业性

成本、利润、资金占用是反映企业经营管理水平的综合指标，而财务状况的好坏和财务的管理水平也制约着企业各个环节、各个部门的工作。财务管理的综合性决定了要做好这项工作，必须解决好以下两个方面的问题。

一方面，直接从事财务工作的部门和人员要主动与其他部门密切结合，为实现企业的经济目标和提高经济效益献计献策。财务部门的人员要走出去，把自己的工作渗透到企业管理的各个方面，为其他部门出主意、想办法，开源节流。财务部门应把这项渗透性的工作看作“分内”的事。人，如果关在屋子里算“死账”，单纯在财务收支上打算盘，甚至以财权去“卡”别人，那么最终都将影响整个企业的经济效益和各项财务指标的完成。为此，财务人员必须具备较高的素质。他们除应当通晓财务管理学（这是一门以政治经济学为基础，以数学为支柱，涉及多门学科的专业性经济管理科学）、会计学的专业知识外，还应懂得本企业的生产、技术知识，对企业的其他专业性管理也应懂得一些。若知识面狭窄，就不能成为一名出色的财务管理人员。

另一方面，企业的各个部门和广大职工要积极支持、配合财务部门的工作。一个企业要管好财，绝不是财务部门和少数财务人员所能办到的，必须依靠企业上下左右的通力合作。单纯靠财务部门理财，必然是“孤掌难鸣”。人人当家理财，企业才能财源茂盛。其中，最重要的是企业领导者必须重视、尊重、支持财务部门的工作，充分发挥财务人员的作用。同时，企业领导者自己也要懂得必要的财务管理知识，起码要做到会看财务报表、分析财务报表，并从中发现企业管理上存在的问题。作为一个企业领导者，若不懂得财务管理，那么他的知识结构是不完备的，严格地说，这样的领导者是不称职的。当家不会理财，这个家是当不好的。

总之，财务管理是企业赖以生存发展的“血脉”，是企业管理最重要的构成部分之一。可以说，成功的企业必定拥有成功的财务管理。准确把握特点，赢得财务优势，必定赢得竞争优势。

二、现代企业财务管理的内容与应用

所谓财务管理，就是对企业的财务活动进行管理。企业的财务活动包括以下三个过程：资金筹集、资金的投放与使用、资金的收入与分配。由上述可见，把财务管理的主要内容可以大致分为筹资的管理、投资的管理、股利分配的管理。

在企业生产与经营的过程中，经济核算将系统地对这些发生的资金占用、生产中的消耗、生产的成果进行记录、核算、控制、探究，达到以较少的资金占用与消耗获得较好的经济效益。可以说，经济核算是一个企业对生产经营活动管理的基本原则，也是一个企业用来提高经济效益的重要举措。

现代企业财务管理能促使企业经济核算运行得更加顺利。财务管理就是对企业利用价值形式生产、经营等这些活动的管理。而在经济核算中，对现阶段生产中的占用、消耗以及成果进行综合比较时，也需要借助价值形式，所以说两者的联系是密切相关的。

经济核算的研究对象是经济效益，其主要是通过财务指标来分析考察企业的经济效益，而这些财务指标包括资金、成本、收入等。经济核算要求对企业经营生产中的占用、消耗、成果进行记录与核算，还包括对比和控制工作，达到企业增加盈利、提高资金使用的效果，而这些都需要通过财务管理来实现。财务管理需要根据利用价值形式来对企业的生产经营活动进行综合性管理，促使在企业生产经营活动中的各个环节都讲求经济效益。

三、企业财务管理的作用

财务管理是企业整个管理工作中的一个重要方面。企业较高的管理水平和较好的经济效益是同健全的财务管理工作分不开的。很难设想一个企业资金管理混乱，挥霍浪费，而其经营活动能够顺利进行，也不能设想一个企业不讲经济核算，不计消耗，大手大脚，铺张浪费，能够取得好的经济效益。财务管理在企业管理中的作用主要表现在以下几个方面。

（一）加强财务管理，有计划地组织资金供应，可使企业生产经营活动提高资金利用率

企业从事经济活动，必须拥有一定数量的资金购置生产资料、支付职工工资和维持日常开支。企业资金的筹集、组织是由财务活动去实现的。这是财务管理的基本职能或一般要求。财务部门根据企业生产经营任务，按照节约使用资金的原则，确定必需的资金数量。通过正确地组织和使用银行贷款以及企业内部形成的资金来源等渠道，使企业所需要的资金得到及时供应。通过有计划地调度资金，组织资金收支在数量上和时间上的衔接与平衡，保证资金循环、周转的畅通无阻。此外，通过经常分析资金在生产经营各个阶段上的占用情况，找出不合理的占用因素，采取措施加速资金周转。

财务管理的作用还在于严格控制、监督各项资金的使用，降低资金占用。财务部门组织资金供应，并不意味着“有求必应”，要多少给多少，更不是说谁想怎么花就怎么花，而是要按照国家政策和规章制度及企业财务制度办事，严格控制开支范围和开支标

准，在保证需要的前提下力求减少生产过程和流通过程中的资金占用，提高资金的利用效率。

（二）加强财务管理，是降低劳动消耗，提高经济效益的极为重要手段

提高经济效益，是要以尽量少的劳动消耗和物化劳动消耗生产出尽可能多的符合社会需要的产品。能否把我们的全部经济工作转到以提高经济效益为中心的轨道上，直接关系我国的经济振兴，关系四个现代化建设的成败。提高经济效益是一个大课题，需要多层次、多层面地相互协作才能奏效。就企业而言，在确定产品方向、产品质量的前提下提高经济效益，就要在降低劳动消耗上下功夫。而财务管理的重要任务正是合理地使用资金和设备、加强经济核算、挖掘一切潜力等，这些无一不是围绕降低消耗这个目标展开的。离开财务管理这个极为重要的手段，提高经济效益之间这种密切关系形象地称为“血缘”关系，不是没有道理的。财务管理在提高企业的经济效益方面至少可以发挥以下三种重要的作用。

1．反映作用

企业经营好坏、效益高低，是实实在在的东西，不能凭印象，而是要经过详细的、科学的计算和分析才能准确地反映出来。需要对企业在生产经营过程中原材料的消耗、劳动力价值形式进行科学的归纳、计算，这是财务和会计的固有职能。没有这种扎扎实实的计算，经济效益的好坏就无从判断。反映经济效益最重要的信息是财务报表。企业在一个时期内花费了多少？盈利了多少？通过财务报表可以看得清清楚楚。

2．控制监督作用

财务部门通过制订财务计划和财务制度，确定各项产品和劳务的成本，规定各种费用标准，严格按定额和开支标准办事，就能有效地控制消耗水平。否则，原材料消耗和开支便无章可循，任意挥霍浪费，提高经济效益就是一句空话。发挥财务的控制和监督作用，还可以使职工的生产经营活动有一个共同遵守的准则，有利于建设正常的生产管理秩序。这是提高经济效益的需要，也是建设现代化企业所必须具备的条件。

3．参谋作用

财务部门通过分析资金运动中出现的问题，可以敏锐地发现、揭示出资金运动背后掩盖着的经营管理中的问题，及时向企业领导有关部门提出建议。同时，财务部门通过经济活动分析，把实际消耗水平与计划水平相比较，就能够找出差距和薄弱环节，为降低消耗、提高经济效益出谋划策。

（三）加强财务管理，是提高企业经营决策水平的必要措施

随着我国计划经济体制的改革和企业自主权的扩大，企业的生产由面向仓库转为面向市场，产品主要由市场进行调节。生产什么、生产多少，要适应市场的需要，因此，企业的经营决策对企业至关重要。正确的经营决策能够满足社会和人民群众需要的同时，

给企业带来较多的盈利。与此相适应，财务管理也要冲破传统观念，提出新的研究课题，开辟新的研究领域。目前，我国有些企业的财务部门，结合实际学习国外经验，在财务管理方面进行了有益的尝试。他们变静态管理为动态管理，利用有利的条件主动参与企业经营各个环节的预测、组织调节和监督检查。由于财务部门的管理职能渗透到经济活动的各个环节，因而掌握着企业中比较完整、系统、总和的信息。据统计，目前企业管理信息中大约有 2% 来自财会系统，这就能使财务部门结合市场预测进行不同的定量分析，在得失相比中选择最优比值，为企业领导者决策提供方案。

搞好财务管理，对宏观经济也有着重要的意义和作用，主要表现在，加强财务管理是改善国家财政状况、保证财政收入不断增长的重要途径。企业是国家财政收入的主要源泉。我国财政收入 90% 以上是由各类企业上缴税利形成的。企业财务状况直接影响、决定着国家的财政状况。加强财务管理，对确保国家财政收入有两个作用：第一，如前所述，财务工作做好了，可以有效降低劳动消耗，提高企业的经济效益和盈利水平。在企业与国家的分配比例确定的情况下，企业盈利多了，自己可以多留，国家可以多得。通过发展生产提高经济效益来扩大财源，是增加财政收入的根本出路。国家财富从何而来？要靠广大劳动者在千千万万个企业中去创造。企业的经济效益搞上去了，国家的财源才能充裕。第二，加强财务管理，严格执行国家规定，及时、足额地缴纳税利，可以堵塞财政上的“跑、冒、滴、漏”，从而达到企业财务管理的最佳应用效果。

四、现代企业财务管理的原则

（一）成本效益原则

在企业财务管理中，关心的不仅是资金的存量、流量，更大程度上是关心资金的增长量。为了满足社会上不断增长的物质、文化生活需要，就要做到经济效益的最大化，即用最小化的劳动垫支、最小化的劳动消耗创造出最大化、最优化的劳动成果。从根本上看，劳动占用、劳动消耗这些都属于资金占用以及成本费用，而劳动成果的表现是营业收入与利润。实行成本效益原则，提高企业经济效益，使投资者权益最大化。

在筹资活动中，会有资金成本率、息税前资金利润率两者间的对比分析问题；在投资决策中，会有各期投资收益额、投资额两者间的对比分析问题；在日常经营活动中，会有营业成本、营业收入两者间的对比分析问题；还有其他的，例如设备修理、材料采购、劳务供应、人员培训等这些问题。这些问题无不存在经济的得失与对比分析问题。

企业一切成本、费用的发生都是为了能取得最终的收益，这都联系着相应的收益比较问题。对此进行各方面的财务管理与决策，应当按照成本效益的原则来周密分析，因为成本效益原则是各种财务活动中广泛运用的原则。

（二）均衡原则

在财务活动中，收益与风险的高低成正比，高收益的背后往往蕴藏着高风险。

例如，对于流动资产的管理，如果持有较多的现金，当然可以减少企业债务风险，从而提高偿债能力，但从另一方面来看，银行利息低则意味着库存现金丧失了收益价值。

在筹资方面，是发行债券，还是发行股票？利率固定，利息可在成本费用中列支，这些对企业留用利润的影响很少。如果提高自有资金的利润率，企业就要按期还本付息，承担的风险也会随之加大。

无论是投资者还是受资者，都应当谋求收益与风险相适应。要求的收益越高，风险也就越大。不同的经营者在面对风险问题时，他们的态度是有所不同的，有人宁愿求稳妥，不愿意冒较大的风险；有人则甘愿去冒风险谋求巨额利润。无论市场的状况好坏，无论经营者的心理状态是求稳还是求利，都应当做出全面分析和权衡，选择对自己最有利的方案。企业的经营者都是为了提高企业经济效益，把握均衡原则，利用分散风险的方式来获得均衡，将收益高、风险大的项目与收益低、风险小的项目搭配起来，使风险与收益相互均衡，这样做既能降低风险，又能获得较高的收益。

五、现代企业财务管理的职能

目前，我国现代企业财务管理的职能主要有以下几项。

1．决策职能

决策职能是指财务管理对现代企业财务活动的预测、计划、决策等能力。

2．协调职能

协调职能是指财务管理对现代企业资金的供求具有调节能力，并且对企业资金的使用、消耗具有控制能力。

3．反馈职能

反馈职能是指财务管理具有根据反馈信息进行现代企业财务活动的再管理能力。

4．监督职能

监督职能是指财务管理具有全程保证现代企业财务活动合法性、合理性的能力。

当然，在上述四种职能之间存在着一种相互作用、相互制约的关系，在现代企业财务管理系统中共存并发挥着重要作用。

第二节　财务管理的目标

财务管理目标既是财务管理理论结构中的基本要素和行为导向，也是财务管理实践中进行财务决策的出发点和归宿。科学设置财务管理目标，对实现财务管理良性循环和实现企业长远发展具有重大意义。本节对国内外学者在财务管理目标研究方面的成果进行了总结和归纳，在分析财务管理目标的特征及影响企业财务管理目标实现的因素基础上，提出了我国现代企业管理最优化目标的选择。

一、财务管理目标的概述

（一）财务管理目标的概念

财务管理是在一定的整体目标下，关于资产的购置（投资）、资本的融通（筹资）和经营中现金流量（营运资金），以及利润分配的管理。财务管理是企业管理的一个组成部分，它是根据财经法规制度，按照财务管理的原则，组织企业财务活动，处理财务关系，以让企业实现价值的最大化为目的的一项综合性经济管理工作。

（二）财务管理目标研究的意义与重要性

我国的社会经济环境在不断地优化，企业管理的观念和技术也在不断地变化，对最优财务管理目标的争议从未停止。财务管理的目标对一个企业的发展方向在一定程度上起到了决定性的作用，是企业财务运行的原动力。因此，研究财务管理目标这一基本问题对于企业的发展起着不可磨灭的重大的现实意义。

二、财务管理目标的特征

（一）可计量性和可控制性

财务管理是运用经济价值形式对企业的生产经营活动进行管理，所研究的对象是生产和再生产中运动着的价值。所以，财务管理目标也应该可以用各种计量单位计量，以便于控制和考核指标的完成情况。

（二）层次性和统一性

层次性又称为可分解性，要求财务管理目标具有层次性，是为了把财务管理目标按其主要影响因素分散为不同的具体目标。这样，企业就可以结合内部经济责任制度，按照分级分类管理的原则，把实现财务管理目标的责任落实到财务管理活动的不同环节、企业内部的不同部门、不同管理层次或不同责任中心。统一性是指企业的财务管理目标应能够制约企业的发展、与目标有关的重要矛盾高度统一，将企业的财务管理目标框定在企业管理目标的范围内，协调各利益主体之间的关系，通过充分协商达成一致，利用约束机制和激励机制，发挥各利益主体的向心力和凝聚力，展现企业的活力。

三、影响企业财务管理目标实现的因素

（一）外部因素

（1）国民经济的发展规划和体制改革。企业如能够正确地预见政府经济政策的导向，对理财决策会大有好处，企业如果认真加以研究国家对经济的优惠、鼓励和有利倾斜，按照政策行事，就能趋利除弊。

（2）政府监管措施。政府作为社会管理者，其主要职责是为了建立一个规范的、公平的企业理财环境，防止企业财务活动中违规违法行为的发生，以维护社会公众的利益。

（二）内部因素

企业战略目标的要求：现代企业财务管理的确定应建立在企业目标的基础上，体现企业的要求。现代企业的目标可概括为生存、发展和获利，三者互为条件、相互依存。企业经营者个人利益需要站在个人的立场上，目标则是提高自己的报酬、荣誉、社会地位，增加闲暇时间，减少劳动强度。

四、我国现代企业财务管理目标的最佳选择

企业财务管理目标又称为企业理财目标，是财务管理的一个基本理论问题，也是评价企业理财活动是否合理有效的标准。目前，我国企业理财的目标有多种，当前较有代表性的企业财务管理目标是企业利润最大化、股东权益最大化和企业价值最大化，但是它们各自存在明显的缺点，随着我国经济体制改革的不断深入和推进，企业的财务管理已发生了重大变化。因此，根据当前我国企业财务管理的实际情况，有必要对企业财务管理目标的最佳选择再做探讨。

（一）对三种常见财务管理目标的缺点评述

1. 企业利润最大化目标的缺点

主张把企业利润最大化作为企业财务管理目标的人数不少。但是，它存在以下十分明显的缺点。

（1）未明确企业赚取利润的最终目的是什么，这与目标应具有的体现社会主义基本经济规律性、统一性和明晰性三个特征不太相符。

（2）未考虑实现利润的时间和资金时间价值，容易引发经营者不顾企业长远发展而产生短期行为。

（3）未考虑利润产生的风险因素，容易引发经营者不顾风险去追求最大的利润，使企业陷入经营困境或财务困境。

（4）未考虑利润本身的“含金量”，容易误导经营者只顾追求会计利润而忽视现金流量，使企业因现金流量不足而陷入财务困境。

2．股东权益最大化目标的缺点

（1）股东权益最大化需要通过股票市价最大化来实现，而事实上，影响股价变动的因素不仅包括企业经营业绩，还包括投资者心理预期及经济政策、政治形势等理财环境，因而带有很大的波动性，易使股东权益最大化失去公正的标准和统一衡量的客观尺度。

（2）经理阶层和股东之间在财务目标上往往存在分歧。

（3）股东权益最大化对规范企业行为、统一员工认识缺乏应有的号召力。人力资本所有者参与企业收益的分配，不仅实现了人力资本所有者的权益，而且实现了企业财富分配原则从货币拥有者向财富创造者的转化，这已成为世界经济发展的一种趋势。

3．企业价值最大化目标的缺点

企业价值最大化目标在实际工作中可能导致企业所有者与其他利益主体之间的矛盾。企业是所有者的企业，其财富最终都归其所有者所有，所以企业价值最大化目标直接反映了企业所有者的利益，是企业所有者所希望实现的利益目标。这可能与其他利益主体，如债权人、经理人员、内部职工、社会公众等所希望的利益目标发生矛盾。现代企业理论认为企业是多边契约关系的总和：股东、债权人、经理阶层、一般员工等对企业的发展而言缺一不可，各方面都有自身的利益，共同参与构成企业的利益制衡机制。从这方面讲，只强调一方利益而忽视或损害另一方利益是不利于企业长远发展的，而且我国是一个社会主义国家，更加强调职工的实际利益和各项应有的权利，强调社会财富的积累，强调协调各方面的利益，努力实现共同发展和共同富裕。因此，企业价值最大化不符合我国国情。

（二）选择企业财务管理目标的基本原则

1．利益兼顾原则

企业的利益主体主要有投资人、债权人、经营者、职工、政府和社会公众等。确定企业财务管理的最佳目标，应该全面有效地兼顾这些利益主体的利益，并努力使每一个利益主体的利益都能持续不断地达到最大化。

2．可持续发展原则

企业财务管理的最佳目标应有利于企业的可持续发展。具体地说，企业财务管理的最佳目标应该能够克服经营上的短期行为，使各个利益主体的利益都能够做到长短结合、有效兼顾，最大限度地保证企业的长期、稳定、快速发展。

3．计量可控原则

企业财务管理的最佳目标应能被可靠地计量和有效地控制。只有这样，企业财务管理的最佳目标才变得具体化，才具有可操作性，才能进行考核和评价。否则，企业财务管理的最佳目标就会变得虚化而失去意义。

（三）企业财务管理目标的最佳选择是相关者利益持续最大化

一个企业，从产权关系来说，它是属于投资人的，但从利益关系来说，它却是属于各个利益主体的。因此，确定企业财务管理的最佳目标，不能只考虑某一个利益主体的单方面利益，不能只考虑某一时期的利益，要以科学发展观为指导，以人为本，考虑到所有利益主体的共同利益能全面、持续、协调地发展。所以，笔者认为，企业现阶段的财务管理目标的最佳选择是使相关者利益持续最大化。

1. 内涵

相关者利益持续最大化是指企业以科学发展观为指导，采用最佳的财务政策，充分考虑资金的时间价值、风险与报酬的关系、价值与价格的关系、经济利益与社会责任的关系，在保证企业长期稳定发展的基础上，使企业的投资人、债权人、经营者、职工、政府、社会公众乃至供应商和客户的利益都能全面、持续、协调地发展，各自的利益不断达到最大化。

2. 优点

相关者利益持续最大化并不是指忽略投资人的利益，而是兼顾包括投资人在内的各方相关者的利益，在使投资人利益持续最大化的同时，也使其他相关者利益持续达到最大化。也就是说，在将企业财富这块“蛋糕”做到最大的同时，保证每一个相关者所分到的“蛋糕”最多。

它的显著优点有以下几个方面。

（1）更强调风险与报酬的均衡，将风险控制在企业可以承担的范围之内。

（2）能创造与投资人之间的利益协调关系，努力培养安定性投资人。

（3）它关心本企业经营者和职工的切身利益，创造优美和谐的工作环境。

（4）不断加强与债权人的联系，凡重大财务决策请债权人参加讨论，培养可靠的资金供应者。

（5）真正关心客户的利益，在新产品的研究和开发上有较高的投入，不断通过推出新产品来尽可能满足顾客的要求，以便保持销售收入的长期稳定增长。

（6）讲究信誉，注重企业形象塑造与宣传。

（7）关心政府有关政策的变化，努力争取参与政府制定政策的有关活动等。

3. 优势

其优势明显反映在它特别有利于企业处理好以下三类利益关系。

（1）有利于企业协调投资人与经营者之间的矛盾。由于信息不对称，投资人无法对经营者的经营进行全面的监督，即使技术上可行，也会因监督成本过大而难以承受。

例如，在目前国家这一投资人（大股东）非人格化的条件下，设立监督机构和监督者对国有企业经营者进行监督，可事实证明，这些监督机构和监督者本身又需要再监督，但是谁又能说再监督部门不需要监督呢？所以在目前我国这种政治体制与所有制形式下，单凭监督很难解决投资人与经营者之间的矛盾，只有采用相关者利益持续最大化作为企业的财务管理目标，在利益分配上采用“分享制”，使经营者与投资人之间利益一致，充分发挥经营者的积极性，才能使企业资产高效运行。

（2）有利于企业协调投资人与职工之间的关系。从根本上说，由于我国实行社会主义市场经济体制，作为国有企业投资人的国家与职工之间的最终利益是一致的，但不可否认，从局部和短期来看，二者在一定程度上是存在矛盾的。过分强调投资人的利益会降低职工的积极性，从而影响企业的生产力，最终影响投资人的利益；过分强调职工的利益，又会造成企业的长期竞争力受损，造成职工大量下岗的后果。只有同时兼顾二者，才有利于企业的长期、稳定发展。

（3）有利于企业协调投资人与债权人之间的关系。如果以相关者利益持续最大化作为企业的财务目标，让债权人参与企业经营管理，一方面可以降低债权人的风险，另一方面又可以降低企业的资金成本，提高企业的资产负债比率，使企业充分利用财务杠杆来提高企业的效益；而且，当企业面临财务困难时，债权人不仅不会向企业逼债，反而会追加投资，帮助企业渡过难关，在保护自己利益的同时，也保护了投资人的利益，实现了“双赢”。

五、企业财务管理目标的可持续发展

（一）对各种财务管理目标的初步评价

1．股东财富最大化不符合我国国情

与利润最大化目标相比，股东财富最大化在一定程度上也能够克服企业在追求利润上的短期行为，目标容易量化，易于考核。但是，股东财富最大化的明显缺陷是：股票价格受多种因素的影响，并非都是公司所能控制的，把不可控因素引入理财目标是不合理的。

2．企业经济增加值率最大化和企业资本可持续有效增值的科学性值得推敲

这两个财务目标采用具体指标来量化评价标准，虽然在实践中易于操作，但其指标的科学性尚值得推敲。而且采用单纯的数量指标不能体现财务管理目标的全面性，不能满足理财目标的系统性、综合性特点，企业相关利益人的利益很难体现出来。

根据可持续发展理论，笔者认为从企业长远发展来看，以综合效益最大化替代现存的企业财务管理目标具有现实战略意义。所谓“综合效益最大化”是指企业在承担环境保护等社会责任的前提下，通过合理经营，采用最优的财务策略和政策，谋求经济效益

和社会效益的最大化。把综合效益最大化作为企业财务管理目标，其实是企业社会责任的深化。

（二）确立现代企业实现可持续发展下财务管理目标应考虑的主要因素

1．现代企业财务管理目标的确立应建立在企业目标的基础上，体现企业目标的要求

现代企业的目标可以概括为生存、发展和获利，三者互为条件、相互依存。财务管理是企业对资金运动及其所体现的财务关系的一种管理，具有价值性和综合性特征。作为财务管理出发点和最终归宿的管理目标，应该从价值形态方面体现资金时间价值、风险与收益均衡等观念，反映企业偿债能力、资产营运能力和盈利能力的协调统一，才符合企业目标的要求，从而保证企业目标的顺利实现。

2．现代企业财务管理目标既要体现企业多边契约关系的特征，又要突出主要方面

企业所有者投入企业的资金时间最长，承担的风险最大，理应享有最多的权益。财务管理目标在体现企业各种成员的利益，使其得到保障的同时，应该突出企业所有者的利益，以适应所有者所处的特殊地位。

3．现代企业财务管理目标应符合市场经济发展的规律，体现一定的社会责任

财务管理目标应适应市场经济规律的这一要求，引导资源流向风险低、收益率高的企业。此外，现代企业作为一种社会存在，其生存发展还要靠社会的支持，因此，财务管理目标应体现一定的社会责任和社会利益，树立良好的企业信誉和社会形象，为企业生存创造一个良好的环境，为谋求长远的发展打下基础。

（三）现代企业财务管理目标及其优越性

综合考虑上述因素，现代企业科学合理的财务管理目标应该确立为：在履行一定社会责任的基础上，尽可能提高企业权益资本增值率，实现所有者权益价值最大化。这里的所有者权益价值是指所有者权益的市场价值或评估价值，而不是账面价值。以这一目标作为现代企业财务管理目标，具有以下优越性。

1．既充分体现了所有者的权益，又有利于保障债权人、经营者和职工等的利益

企业所有者投入企业的资本是长期的、不能随意抽走的，所有者履行的义务最多，承担的风险最大，理应享有最多的权利和报酬。企业债权人通常与企业签订一系列限制性条款来约束企业的财务活动，以保障获得固定的利息和承担有限的风险，所有者权益价值最大化只有在债权人利益得到保障的基础上才可能实现。企业经营者的利益与所有者权益是息息相关的，经营者若要得到丰厚的报酬和长期的聘用，就必须致力于实现所有者权益价值最大化，以博得企业所有者的信任与支持。企业职工的利益同样与所有者权益关联着，如果企业经营不善，所有者权益价值最大化无法实现，职工的收入福利就会受到影响。

2. 包含资金时间价值和风险价值，适应企业生存发展的需要

企业权益资本是所有者的长期投资，短期的暂时的权益资本增值最大并不是所有者所期望的。实现所有者权益价值最大化，要求权益资本增值长期最大化，需要考虑未来不同时间取得的等额投资收益因时间先后而导致的不同现值，体现预期投资的时间价值，并在考虑资金时间价值的基础上，注重企业长远利益的增加。实现所有者权益价值最大化，不仅要考虑眼前的获利能力，而且更要着眼于未来潜在的获利能力，既要规避风险，又要获取收益，实现风险与收益的均衡，从而取得竞争优势，满足企业不断生存发展的需要。

综上所述，只有把投资人、债权人、经营者、政府和社会公众的利益最大化，才能最大限度地促进企业的可持续发展。企业应以综合效益最大化作为现代财务管理的最优目标，并在财务管理活动中努力兼顾、协调和平衡各方的利益，使投资人、债权人、经营者、政府和社会公众都能从公司的经营活动中获得各自最大的利益，才能最大限度地促进企业的可持续发展。

第三节　财务管理在企业管理中的地位与作用

财务管理指的是企业在管理过程中对企业资产进行管理的管理形式，其主要内容包括企业的投资、融资和对流动资金的管理与利润的分配等。从财务管理的概念中我们可以发现，财务管理贯穿于企业管理的始终，是企业管理模式中不可缺少的部分。因此，要促进企业的长远发展必须要求企业管理人员加强对财务管理的重视，做好财务管理工作。然而，我国企业财务管理的实际情况却是：部分企业领导人员错误地估计了财务管理在整个企业管理中的重要地位和作用，使得企业财务管理无法正确发挥出其效用。因而，目前我国企业的当务之急是重新认识到财务管理在企业管理中的重要作用和地位，并积极发挥其有效作用。

一、财务管理在我国企业管理中的地位

（一）符合现代企业制度的要求

我国现代企业制度要求企业要做到“产权清晰”“科学管理”“权责明确”。这三点实质上与企业的财务管理有着密切的联系，要符合现代化企业管理制度，需要领导人充分重视财务管理的重要性。首先，就“产权清晰”而言，其指的是企业要清晰和明确相关的产权关系。在企业管理中，要清晰地处理产权关系需要企业的财务管理部门能够定期对企业的负债情况进行登记、调查和分析，要切实明确负债资金的数目、重新估计

资产的价值、对资产的所有权进行重新界定。其次，就“科学管理”而言，这部分要求企业在管理过程中要做到科学、合理。企业的管理内容较为丰富，包括对设备的管理、对人力资源的管理以及对生产经营的管理，当然也包括对资产财务的管理以及对技术的管理。只有当企业能够以科学的方式对各个方面进行合理管理，处理好各部门之间的管理，才能算是科学管理。而在这些管理内容中，财务管理与其他管理部门均保持着密切的联系，企业的任何一项资产出入、生产和经营活动均需要通过财务管理反映出来，以便促进企业来年更好地发展。最后，就“权责明确”而言，其要求企业要分清楚企业法人和企业股东之间产权的明确分界。这就要求企业财务管理部门必须要对企业资产的经营权以及法人和股东之间的产权关系进行有效管理。

（二）财务管理是企业管理的核心内容

财务管理贯穿企业管理的始终和任何环节之中。企业的主要目的是通过生产和经营活动来获取最高的商业利润。企业的活动包括生产、投资、融资或是资金的流动性管理等，均属于资产的流动情况，最终均将反映在财务管理中。财务管理通过对企业一段时间或者一年的资产出入信息进行收集、整合和处理，能够反映出企业的收支相对情况，分析了企业的盈利状况，能够分析出企业财务管理中的问题。通过财务管理的财务分析，企业领导人员可以对下一阶段的经营和决策进行适当调整，以寻求更高的经济效益。从这方面来看，财务管理不仅贯穿企业管理的始终，而且具有其他管理部门无法取代的重要作用。

（三）财务管理与企业各种管理关系联系密切

财务管理在企业管理中的核心地位要求其与企业其他管理部门必须具有密切的联系，也要求其他管理部门必须要依靠财务管理部门的参与才能够进行有效运转。首先，这是因为企业的生产和经营活动均需要依靠资产，例如企业在进行融资和投资时则必须要依靠企业的财务管理；其次，为了获取最大的经济效益，企业在制定投资或者生产经营活动时必须要做好相关的投资计划，而投资计划的进行、生产成本的控制则需要企业结合财务管理的财务报告进行综合分析；再次，财务管理会对企业的资产进行综合管理，其中包括对企业资金进行预算管理和结算管理，通过财务管理的相关信息整合，企业领导才能够切实保证企业的盈利，促进企业更好地发展；最后，财务管理对企业管理中消耗的资金进行数据统计和分析后，能够较好地指导企业进行投资再生产，达到扩大再生产、提高经济效益的作用。

二、财务管理对企业管理所发挥的作用

（一）优化管理经营理念，将财务管理的作用充分发挥出来

企业的经营管理活动最终目的是保证经济效益的最大化，增加企业的资产。在市场经济条件下想要保证最高的经济效益，首先要做好的就是财务管理工作，从管理水平和管理效果两个方面进行提升，将财务管理的作用充分地发挥出来，保证企业顺利发展。如今市场环境和市场需求都是变幻莫测的，愈加激烈的市场竞争使得企业的管理层要对自身的经营管理理念进行转变和优化，从企业的实际情况出发来调整或者整合管理方式，提高管理的水平。在财务管理的过程中，管理层的领导要适当地对企业资源进行调整，用于国内外市场的开发，从市场发展环境出发找寻适当的投资机会获得更大的盈利，并且将财务管理在风险的预防和控制方面的作用发挥出来，实现企业资金最大化以及最合理的使用。例如这个时期投资房地产会获得较大的收益，那么企业可以将限制的资金投资在房地产项目上，在投资前首先要评估企业投资房地产计划存在的风险，保证企业资金得到有效、有利的运用。企业管理层要伴随着企业发展的步伐对自身的管理理念进行更新换代，将新的管理理念积极引进来并组织学习，在应用先进管理理念时要注意与企业的实际发展情况相契合，真正将企业管理水平提升上来，也就实现了财务管理作用最优的发挥。

（二）构建更为合理的企业财务管理机制

企业的发展和经营活动离不开财务管理机制的帮助，因此不仅要构建财务管理机制，还要保证其完善程度，这样才能提高财务管理工作的效率和效果，最大化地实现经济效益的提升。例如企业可以通过财务管理来实现内部的成本控制，降低各项费用支出，从而降低经营成本，这样一来，企业可以使用最少的经营成本获得最好的经济效益。企业管理层可以制定具体的激励制度来对员工进行激励，这样不仅可以使员工更加积极地投入工作中，还能利用他们的主观能动性为公司带来利益。通常来说，管理者会使用财务激励制度，也就是使用金钱或者股权来激励员工，这种财务激励机制是最直接的激励方法，效果也是非常不错的，员工工作的积极性得到了有效的调动。通过实践工作可以有效地积攒财务管理经验，从而制定出制度，对于企业财务管理机制的构建有很大的帮助。对企业管理机制进行进一步的完善和丰富，可以使财务管理机制更紧密地结合企业的实际情况，在企业经济效益增加方面效果显著。

（三）提升企业财务管理人员的专业技能

财会工作是企业财务管理工作中一个重要的内容，只有保证财会工作人员良好地完成财会工作，制定出科学合理的财计管理措施，才能保证企业顺利发展。财务管理工作

在企业的进步和发展过程中也要有所前进，财会工作人员在负责和执行财务管理工作时，也需要通过不断的工作实践来提升专业能力，与财务管理工作的要求相适应，并且符合市场环境的要求和发展。例如，一个企业会选择一定时间专门培训其财会人员，这样不仅可以获得更高的企业财务会计工作效率，企业的经济效益也因此得到了提升。同时财务部门负责财会工作的人员也要有不断学习的意识，在闲暇时间有意识地去进行专业知识的学习，与新的制度变化相适应，这样如果企业制定了全新的财会制度，也可以快速适应，顺利且正确地做好企业的财务管理工作，保证自身工作的效率和效果。企业对于员工的培训非常重视，员工也能够积极主动地进行学习，那么专业技能和综合素质自然能得到很大的提升，企业财务管理人员整体水平提升上来了，企业自然会获得更好的经济和社会两个方面的效益。

三、企业在财务管理中需要注意的重要事项

（一）明确财务管理的作用和地位

要切实发挥财务管理在企业管理中的作用，需要企业领导和管理人员能够明确财务管理的重要作用和在企业管理中的重要地位。总结来说，财务管理在企业管理中的作用表现为对资金的控制和管理作用、对企业生产和经营活动的预测和规划作用、对企业财政的监督作用以及对企业资本运行的实行作用。只有当企业领导和管理人员能够明确了解财务管理在企业管理中的重要作用，企业才能够加强对财务管理的重视，制定有效的财务管理制度，切实发挥财务管理的作用。

（二）采取有效措施切实发挥财务管理的作用

（1）要切实发挥财务管理的有效作用，不仅需要企业领导和管理人员加强对财务管理的重视程度，还需要企业领导注重财务管理部门和其他管理部门的联系，使各部门相互协调发展。我国部分企业在财务管理过程中容易出现这样的错误观念，即企业领导和管理过于看重对资金的管理，默认为财务管理实际上就是对资金的管理，财务管理部门只需要做好与资金相关的管理工作即可。实际上，企业财务管理不仅是对资产的管理，还是对人际关系的管理。只有当财务管理部门工作人员与其他部门工作人员的关系密切，才能够方便财务管理部门人员及时了解到最新的财务信息，做好财务报告，为企业的经营和发展提供更加真实有效的财务信息。因此，企业在做好财务管理工作的同时，还需要加强财务管理部门和其他管理部门之间的联系。

（2）建立完善的管理制度。要切实发挥企业财务管理的作用，还需要企业根据实际情况建立完善的管理体制。财务管理体制的建立需要企业明确企业财务关系、确定企业的财务管理目标，并协调各管理部门的相互关系，规定好财务管理部门工作人员的工作流程等。科学、完善的财务管理制度必须要能够适应本企业的现实发展状况，并能切

实促进管理部门工作的开展。

（3）提高企业领导人员的风险管理意识。企业在生产和经营活动中有可能遇到各种生产和经营风险。随着社会经济的不断发展，市场经济形势变化多端。要降低企业的经营风险和财务风险，保证和提高企业的经济效益，必须要求企业做好生产经营预算管理工作，并建立资产和生产经营风险预警机制。因此，企业领导和管理人员在管理过程中必须要强化风险管理意识，树立风险观念，在进行经营决策前要充分重视预算管理和风险管理工作，并提前制订好风险防御方案，降低企业的经济损失。

（4）重视提高财务会计人员的专业素质。财务管理作用的有效发挥不仅需要加强企业领导的重视程度，还需要提高财务会计人员的专业素质。财务会计人员需要具备的专业素质包括：第一，财务会计人员必须要有丰富的工作经验，对财务会计相关知识（包括法律、税务知识）有一定的了解和掌握；第二，财务会计管理人员需要掌握更多的现代化管理理念和方式方法，同时管理人员还需要在实践过程中不断加强自我素质的提高，增强自身的协调能力、对突发事件的应变能力和对重大事件的组织管理能力；第三，无论是财务会计工作人员，还是财务会计管理人员，员工的基本职业道德素质要得到一定的保证和提高，使人员能够切实做到爱岗敬业。因此，为了达到这些人才素质管理标准，企业需要投入大量的时间和精力对财务管理部门人员进行分类培训。培训中企业应该加强对培训结果的重视，培训后要采用更加有效的审核方式，切实提高工作人员的综合素质。此外，为了提高财务管理工作人员的工作积极性和效率性，企业还需要加强对财务管理部门工作人员的管理。建立有效的绩效考核制度和工作问责制度，将财务管理部门工作人员的工作质量和绩效奖金等联系在一起，对工作表现较好的员工进行资金表扬，对工作表现略差的员工进行相应的惩罚，可以较好地鼓励工作人员提高工作质量和效率，促进企业更好地发展。

综上所述，财务管理符合现代企业制度的要求，是企业管理的核心内容，且与企业各种管理关系联系密切，加强对企业财务管理的重视程度，可以有效促进企业经济效益的提高、对资金进行全面的预算和结算管理，且能够建立有效的运行机制，降低企业的经营风险。但是，企业在财务管理的实践中需要明确财务管理的作用和地位，切实发挥财务管理的有效作用，注重财务管理部门和其他管理部门的联系，使各部门相互协调发展。同时要求企业建立完善的管理制度，提高企业领导人员的风险管理意识，并重视提高财务会计人员的专业素质。

第四节　企业财务管理模式

现代企业制度的建立以及一些通过资产重组、行业联合、跨行业兼并形成的大型企业的出现，对企业的财务管理模式提出了新的要求。为了加快企业的发展，实现企业的科学化，必须结合具体的国情以及企业的运营环境，建立科学的企业财务管理模式。

一、企业财务管理模式的类型

企业财务管理模式是企业最常用的一种管理方式，指的是企业母子公司各种权利、政策、制度及管理方式和手段的组合，其实质是母子公司各种权利、责任和关系的分配。最终采取何种模式，要根据企业自身的具体情况来定夺。目前，我国企业财务管理模式主要可以划分为以下三类：集权型财务管理模式、分权型财务管理模式和混合型财务管理模式。

（一）集权型财务管理模式

集权型财务管理模式是指企业中母公司的相关财务管理部门对子公司的所有管理决策都进行统一管理，子公司自身没有财务决策权的一种管理模式。在这种模式下，母公司垄断了企业的财务管理权限，不给子公司任何财务方面的决策空间，子公司只负责对母公司统一规划的具体内容实施。作为一种较为极端的财务管理模式，集权型财务管理模式在企业组建的初期表现出较强的优越性，因为它既有利于宏观调控和整体战略方案的实施，也有利于提高企业财务的即时控制力，便于母公司掌握子公司的财务信息。但是，在这种财务管理模式下，企业没有给予子公司任何财务权限，这极大地降低了子公司生产运作的积极性。同时，由于掌握财务决策权的母公司的最高决策层不在经营现场，其为子公司做出的财务决策极有可能由于掌握的信息质量不高而有失偏颇，带来决策的低效率，从而影响子公司效率的产出。特别是当企业规模逐渐扩大后，母公司的财务管理部门如果仍然把精力过度放在子公司的日常财务活动的管理上，反而会顾此失彼，这不利于企业整体财务战略的长远规划和发展。

（二）分权型财务管理模式

分权型财务管理模式是指母公司仅保留对子公司重大财务事项的决策权或审批权，而将除此之外的日常财务决策权与管理权下放到子公司的一种管理模式。在这种财务管理模式下，母公司对财务控制的权限相对降低，相应地，子公司在日常经营活动中获得了更多的财务决策权，这不仅有利于处在市场第一线的子公司根据市场环境的变化及时调整经营策略，而且有利于合理分工，在减轻母公司烦琐的管理任务压力的同时较好地调动了子公司的主观能动性。但是，值得注意的是，如果母公司对子公司的权力下放没有把握好“度”，就会容易出现企业内部成员“各自为政”的现象，削弱核心企业的统筹功能。特别是，若各个子公司都出于维护自身利益的需要来干涉企业的整体决策，势必会牵制企业的决策效率，影响整体利益。因此，分权型财务管理模式的实行必须辅以一套完整的、切实可行的财务管理制度和财务审计制度以对子公司的行为进行约束。

（三）混合型财务管理模式

混合型财务管理模式有效地克服了集权和分权财务管理模式的极端性，属于一种比较中庸的财务管理模式。这种模式的实质就是集权下的分权，母公司对子公司经营活动中的所有重大问题拥有绝对的决策权，而子公司拥有日常经济活动的相关决策权。混合型财务管理模式可以充分发挥集权型财务管理模式和分权型财务管理模式各自的优势，既可以提高母公司对子公司的财务管理度，又可以调动子公司的积极性和创造性。我国母子公司在财务控制模式上大多采用以集权为主、分权为辅的混合型财务管理模式。为了防止母公司过度放权引起的子公司“各自为政”的情况，企业实行统一的财务人员、资金、预算的集中管理，而计算机网络化技术的日益发达、现代银行相关服务的发展也为这种模式的实施提供了现实的可能性。总之，采用这种模式的关键是把握好集权与分权的程度，既不能只为了追求母公司的整体统筹能力而造成过度集权，也不能只为了强调子公司的自主经营权而造成整个企业“集而不团”。

二、三种财务管理模式利弊的比较分析

（一）集权型财务管理模式的利弊

集权型财务管理模式是指母公司对子公司的筹资、投资、利润分配等财务事项拥有绝对的决策权，对子公司的财务数据也统一设置、核算，母公司以直接管理的方式控制子公司的经营活动，各子公司的财务部门自身无自主权。母公司财务部门成为企业财务的“总管”，子公司在财务上被设定为母公司的二级法人。总的来说，母公司拥有所有子公司重大财务决策事项的直接决策权、财务机构的设置权与财务经理人员的任免权。

1. 集权型财务管理模式的优点

（1）企业可以集中资金完成战略性目标，使全部资金在子公司之间能得到优化、合理的资源配置，达到重点资金应用于重点子公司的目的，加强各子公司之间的合作意识，使企业具有强大的向心力和凝聚力，确保企业战略性目标的实现。

（2）企业可以凭借其优质的资产和良好的信誉进行有效的融资决策。多种融资渠道拓宽了企业的融资选择，保证融资资源足够优质。企业为具备一定条件的子公司提供融资担保，广泛、大量地筹集所需资金，保证整个企业资金的顺畅，有助于实现企业战略性目标。

（3）企业在税务上实行统一核算和统一纳税，集中缴纳所得税，各子公司不用自负盈亏，将亏损子公司与盈利子公司有机结合在一起，增强整体实力。

2．集权型财务管理模式的缺点

（1）企业决策信息不灵，容易造成效率低下。

（2）决策的灵活性较差，难以应付复杂多变的环境。决策集中且效率降低，容易延误经营的商机。

（3）企业制约了子公司理财的积极性、经营的自主性和创造性，导致企业缺乏活力。

（4）集权型财务管理模式不利于现代公司制度的建立，不能规范产权管理行为。

（5）企业业绩评价体系无法完善，很难对子公司进行合理的业绩评价。

（二）分权型财务管理模式的利弊

分权型财务管理模式是指母公司与子公司之间达成分权协议，重大财务决策权归母公司，按重要性原则对控股公司与子公司的财务控制、管理、决策权进行适当划分；对于战术性问题，由各成员公司自行运作管理，控股公司给予宏观指导；对于方向性、战略性问题，母公司必须集中精力搞好市场调研，制定规划，把握发展方向，拥有对子公司的重大财务事项的决策权。

1．分权型财务管理模式的优点

分权型财务管理模式和集权型财务管理模式是相对的两种模式，前者就是由于集权型财务管理模式的缺点而产生的。分权型财务管理模式有下列几个优点。

（1）该模式能够提高子公司对市场变化的反应速度，增强子公司的灵活性。

（2）企业让子公司自行融资，有利于培养子公司的理财能力和风险意识，使之更加谨慎地使用资金、重视资金。

（3）子公司充分发挥主观能动性，增强决策的灵活性，使之能够做到紧盯市场，抓住商机，可以创造更多的利润。

2．分权型财务管理模式的缺点

（1）企业的财务权力受到子公司经营自主权的影响，减弱了企业资金优化和资源配置的能力。

（2）分权型财务管理模式可能会导致分权过度，使整个生产经营出现矛盾和不协调，导致资源重复浪费，减弱企业的竞争力和向心力，不利于企业战略性目标的实现。

（3）当企业给予子公司足够的权力，子公司往往会各为其主，财务管理活动脱离企业初始目标，子公司不规范地使用资金分钱的，增大资金的使用数量，削弱资金的利用效率，使企业出现“一盘散沙”的局面。

（4）分权使子公司野心膨胀，假如企业监督不力，子公司会出现私自建立小金库的现象。

（三）混合型财务管理模式的利弊

集权型财务管理模式和分权型财务管理模式的不足促使一种新的财务管理模式——

混合型财务管理模式出现。这种财务管理模式是一种集权与分权相组合的模式，同时强调两种模式的优点，又同时尽力克服两种模式的缺点。强力控制是这种财务管理模式的要点，它不同于集权模式，并不追求过程管理，而是追求控制点的管理，通过严密的逐级申报、审批制度，发挥企业各级人员的主观能动性，鼓励所有的下属公司参与到市场竞争的环节，增强了企业的活力和竞争力。

1. 混合型财务管理模式的优点

混合型财务管理模式是集权型财务管理模式和分权型财务管理模式优点相结合的典范。企业通过统一指挥、统一安排、统一目标，降低行政管理成本，这有利于内部所有公司发挥主观能动性，降低企业集体风险与企业资金成本，提高资金使用效率，增强内部子公司的积极性、向心力、凝聚力和抗风险能力，使决策更加合理化，最终达到努力实现战略性目标的目的。

2. 混合型财务管理模式的缺点

由于不同子公司有各自的经营特点，对于整体利益的影响大小各异，因此企业应有针对性地选择集权或者分权模式，对其财务管理的集权或分权程度必须加以权衡。所以，混合型财务管理模式也存在着一些问题：一是模式在名义上是集权与分权结合，实质上还是集权型财务管理，因此，不利于发挥子公司的积极性、主动性与创造性。不当的制度和策略，容易使集权型财务管理和分权型财务管理相结合的制度名存实亡，并容易导致内部分化、瓦解，最终解散。二是如果在实际操作中，各成员公司互相推诿、无人监管，将直接导致工作效率下降。

内部关系和管理特征决定了必须使用分权型财务管理模式。但为了保证公司的规模效益，加强足够的风险防范意识，我们又必须重视集权型财务管理模式。把握企业特点，做出正确的决策和选择，是每个企业的财务管理难题。选择适合的财务管理模式，更是每个公司决策的重中之重。企业选择何种财务管理体制，要具体地结合很多因素：企业母子公司之间的资本情况、具体的业务往来、资源配置情况和母子公司联系的密切程度。综上所述，企业在选择自身的财务管理模式时，不要去考虑其集权与分权的具体程度，而是要找到一个适合自己，能够促使自身极大发展的模式。

三、影响企业财务管理模式选择的因素

目前为我国企业所采用的集权型、分权型及混合型财务管理模式都有其优缺点，不存在完美无缺的财务管理模式，而且由于企业所处的市场环境变幻莫测，企业选择的财务管理模式也不可能是固定不变的。因此，企业应该充分了解自身的情况及所处的市场环境，并据此选择一种适合的财务管理模式。为了选取适合的财务管理模式，我们有必要对财务管理模式的影响因素加以研究。笔者通过对学术界的研究成果的学习、借鉴以及对企业财务管理模式选择经验的总结，选取了以下六种影响因素进行探讨。

（一）财务管理目标对财务管理模式选择的影响

企业的财务管理目标可以简单地分为追求母公司的利益最大化与追求子公司的利益最大化两种。如果企业将财务管理目标定位为追求母公司利益最大化，那么企业将更倾向于选择集权型财务管理模式。相反，如果企业将财务管理目标定位为追求子公司利益最大化，那么企业就会优先考虑子公司的利益，倾向于将权力由总部下放到各个子公司，从而选择分权型财务管理模式。

（二）整体发展战略对财务管理模式选择的影响

企业的发展战略是企业的总设计和总规划。一般来说，企业的整体战略按照性质的不同可分为发展型、稳定型和收缩型。在扩张发展的阶段，企业需要积极鼓励子公司开拓市场，形成新的经济和利润增长点，这时核心领导层应更注重权力的下放。在企业稳定发展的阶段，为了避免企业规模的盲目扩张，企业的核心管理层可以从严控制投融资权力的下放，而对于其他权力，如生产资金运营权力，可以下放给子公司。在收缩型战略的指导下，企业一般会严格地控制资金的使用权，并强调企业内部的高度集权，减少甚至免除子公司的财务决策权。因此，我们可以看出，企业的整体发展战略会直接影响财务管理模式的选择。

（三）发展阶段对财务管理模式选择的影响

企业在不同发展阶段呈现不同的经营特征，因此应采用不同的财务管理模式与之相适应。一般而言，企业发展之初组织结构简单、资金活动量较少、业务活动单一，适合采用集权型财务管理模式。因为这种财务管理模式既便于宏观调控和整体战略方案的实施，较好地发挥统一决策和资源整合的优势，又利于提高母公司对子公司的财务控制力，防范经营风险。但是，随着业务的拓展及规模逐渐扩大，企业由初创期进入成长期，集权型财务管理模式的弊端日益显露。由于在该模式下，子公司没有任何财务权限，这必然会挫伤其经营的积极性和主动性。同时，业务的扩大使得母公司需要处理的事情更为繁杂，过于关注子公司的财务状况势必会牵扯精力，影响母公司宏观统筹能力的发挥。加之，母公司不处于经营活动的“第一现场”，使其不能即时、全面地掌握子公司的经营情况，从而影响其决策的及时性与有效性。为了克服集权型财务管理模式的弊端，企业的核心管理层开始逐渐放权，只保留对子公司重大问题的决策权与审批权。在混合型财务管理模式下，子公司拥有一定的财务决策权，处在经营活动“第一现场”的子公司可以根据瞬息万变的市场情况即时地做出战略调整，抓住盈利的机会，在竞争激烈的市场中更好地立足。因此，当企业进入成长期，一般会选择混合型财务管理模式。随着企业由成长期转入成熟期，内部的会计制度、监督机制已经相当健全，这时企业就会给予子公司更多的财务自由，采用分权型财务管理模式。但是，为了避免过度放权情况的出现，母公司的高层管理者又会在经营过程中逐渐收权，以此来保证自身的统筹地位。

（四）成员企业与母公司之间的关系对财务管理模式选择的影响

根据产权关系上的紧密程度不同，企业内部母公司与分、子公司之间的关系有亲疏之别。对于全资分、子公司，企业总部控制其所有的经营、投资、财务决策权力，在这种情况下，总部与分、子公司之间适合采用完全集权型的财务管理模式。对于全部或大部分股权被母公司控制的分、子公司，由于它们只拥有一部分或少量日常经营活动的决策权，在这种情况下，总部与分、子公司之间就适合采用偏集权的混合型财务管理模式。对于母公司只持有一部分股份且不构成控股的分、子公司，母公司只有参与决策的权利，在这种情况下，总部与分、子公司之间就适合采用偏分权的混合型财务管理模式。对于财务决策上完全不受母公司控制的分、子公司，则比较适合采用完全分权的财务管理模式。

（五）母公司规模及实力对财务管理模式选择的影响

实力弱、规模小的母公司因总部缺乏足够的资金来源和管理人员，对资源的整合能力弱，往往较多地把决策权交给子公司管理层，实行分权型财务管理模式。实力强、规模较大的母公司，因为拥有较强的经济实力、较多的管理人员和先进的信息化手段，可以实行集权型管理，通过系统的财务管理体系，控制分、子公司的财务和经营活动。

（六）母公司文化、管理风格对财务管理模式选择的影响

企业在选择管理模式时，在相当程度上会受到母公司文化和管理风格的影响。企业文化意味着公司的价值观，是在企业长期经营活动中形成的，由企业全体员工共同遵守经营宗旨和行为规范。如果一个企业的文化趋于保守、自我，则适合选择集权型财务管理模式，如果一个企业的文化趋向于开放、民主，则适合选择分权型或适度集权型财务管理模式。另外，如果公司文化统一，员工的价值观和行为规范具有较多共性，会有利于实施集中管理；如果公司未形成统一的企业文化，集权管理的效率则会大大降低。

第五节 企业财务管理体系的构建

随着我国社会主义市场经济的发展，国企改革逐步深入，现代企业制度这一崭新的企业形式开始在我国建立和完善起来。建立现代企业制度是发展社会化大生产和市场经济的必然要求，并已成为我国国有企业改革的方向。构建现代企业制度，要把财务管理作为企业管理的中心。这就要转变管理观念，正确认识财务管理在市场体制下的作用，改变“财务就是记账”的错误认识；要积极借鉴西方财务管理理论，探索适应当前市场经济不发达条件下财务管理的方法和机制，盘活国有企业存量资产，解决国有资产的优

化配置；要全面高效地建立以财务预算为前提、以资金管理和成本管理为重点、把企业价值最大化作为理财目标并渗透到企业生产经营全过程的财务管理机制。

一、企业财务管理体系的必要性

从当前的情况来看，我国企业财务管理的弱点主要是体系不健全，绝大多数企业仍在沿用传统的方式方法，以记账、算账、报账为主，甚至财务报表说明都不够真实和准确，不能跟上和适应市场经济的发展和要求。由于企业财务管理体系的不健全，不能给决策层提供科学、真实、准确、及时的反映企业财务的现实状况及未来发展趋势，致使一些企业由辉煌到倒闭，尤其有些企业的破产纯粹是忽视了财务管理体系和其财务管理体系未起到相应作用而造成的。

二、企业财务管理体系的主要内容

（一）科学的财务管理方法

现代企业的财务管理体系，应根据企业的实际情况和市场需要，包括企业财务预算管理体系、财务控制体系、监督核查体系、风险管理体系及投资决策等内容。企业的各种管理方法应相互结合，互为补充，共同为实现企业的财务管理战略服务。

（二）明确的市场需求预测

企业财务管理是企业管理工作的一部分，企业的整体管理战略是围绕市场进行的，企业财务管理的目标也是通过市场运作来实现的。企业财务管理体系必须要准确预测千变万化的市场需求，使企业能够实现长远发展。

（三）准确的会计核算资料

企业的财务管理工作业绩是通过企业会计数据及资料体现的。会计数据及资料是企业财务决策的基础依据，也是企业所有者、债权人、管理者等企业信息使用者做出相关决策的依据。因此，企业会计资料所反映的内容必须要真实、完整、准确。

（四）完备的社会诚信机制

市场经济的竞争越来越激烈，企业财务管理工作的好坏直接影响企业竞争力。企业在竞争中要想立于不败之地，企业具体的操作者和执行者在进行财务管理过程中，必须要严守惯例和规则，重视产品质量和企业信誉，增强企业竞争能力。因此，企业在建立财务管理体系过程中，要包括产品质量体系、政策法规执行体系等内容。

三、建立财务管理体系要注意的问题

（一）财务管理体系要围绕市场管理进行

财务管理是对企业资金及经营活动进行管理，企业资金是在市场中消耗的，也是在市场中循环后增值并回收的。企业资金投入市场后，只有被市场认可，才可以增值回收，实现资本增值回笼的目的。因此，市场是资本的消耗主体，更是资本的回笼和增值主体。有了市场，资本才能有效运行，财务管理活动才能开展起来，才能实现企业价值。

（二）财务管理体系要重视资本市场和产品市场

企业的财务管理是通过对企业资本动作进行规划管理，来为企业产品市场做大、做强提供保障。在企业财务管理过程中，资本市场和产品市场是有机连在一起的，不能将二者分割开来。传统的财务管理仅限于企业日常的资金管理，忽视产品市场的管理，将导致财务管理工作与企业发展战略不合拍，在企业的战略发展中不能发挥出财务管理工作的作用。现代企业财务管理要将资本管理与市场管理紧密相连，在企业战略管理中发挥其宏观调控职能。

（三）市场决定资本运动的方向

企业经营离不开资本，资本是企业的血液。企业经营的每一个方面、每一个环节都包含了资本的运作过程。企业市场规模的大小，决定了企业资本需求量的大小。根据充分满足和效益管理原则，企业的资本应能充分满足企业现有生产经营规模和市场扩充的需要，保证企业的正常经营。企业的市场管理战略决定了其财务管理战略。企业不同时期的市场竞争战略要求财务管理只能配合实施，不能造成过大的资本缺口。同时，以市场为中心的管理机构设置模式，决定了企业财务管理人员的岗位设置和各岗位之间的衔接关系。从企业物流的管理到日常支出控制，财务管理的每一个岗位和环节均应为企业对应的管理重心服务。

四、建立财务管理体系必须要遵循的基本原则

（一）货币时间价值原则

财务管理最基本的原则之一就是货币时间价值原则。在企业的资本运营管理中，货币的时间价值是用机会成本来表示的。运用货币时间价值观念，企业项目投资的成本和收益都要以现值的方式表示出来，如果收益现值大于成本现值，则项目可行，反之，则项目不可行。企业进行投资管理时，一定要运用财务管理的货币时间价值原则对项目进行分析论证，保证企业投资收益，降低企业投资风险。

（二）系统性原则

企业财务管理体系是由一系列相互联系、相互依存、相互作用的元素为实现某种目的而组成的具有一定功能的复杂统一体，其显著特征就是具有整体性。财务管理是由筹集活动、投资活动和分配活动等相互联系又各自独立的部分组成的有机整体，具有系统的性质。企业在构建财务管理体系时，必须树立系统整体观念，把财务管理系统作为企业管理系统的一部分，共同服务于企业管理乃至社会经济。必须树立整体最优观念，各财务管理子系统必须围绕整个企业的财务目标开展工作，不能各自为政。必须坚持整体可行原则，以保证系统的有效运行。

（三）资金合理配置原则

企业在进行财务管理时，必须合理配置企业资金，做到现金收入与现金支出在数量上、时间上达到动态平衡，实现资源优化配置。企业常用的控制资金平衡的方法是现金预算控制。企业根据筹资计划、投资计划、分配计划等经营计划，编制未来一定时期的现金预算，来合理控制企业资金需求，规避资金风险。同时，企业在进行资本结构决策、投资组合决策、存货管理决策、收益分配比例决策等管理决策时，也必须坚持资金合理配置原则。

（四）成本、收益、风险权衡原则

成本是企业在生产经营过程中发生的各种耗费。企业在进行财务管理决策时，首先要考虑的问题就是如何在成本较低的情况下获取最大的财务收益。风险是现代企业财务管理环境的一个重要特征，企业财务管理的每一个环节都不可避免地要面对风险。在财务管理过程中，企业的每项财务决策都面临成本、收益、风险问题，因为三者之间是相互联系、相互制约的。因此，企业的财务方案必须是在风险能够接受的范围内，以较低的成本获取较高的收益为原则。财务管理人员必须牢固树立成本、收益、风险三位一体的原则，以指导各项具体财务管理活动。

（五）利益关系协调原则

企业在进行财务活动过程中，一定要协调好与国家、投资者、债权者、经营者、职工等之间的经济利益关系，维护有关各方的合法权益。从这个角度分析，财务管理过程也是一个协调各种利益关系的过程。利益关系协调成功与否，直接关系财务管理目标的实现程度。企业要运用国家法律规范、企业规章制度、合同、价格、股利、利息、奖金、罚款等经济手段，协调与相关人员的关系。因此，企业要想处理好各项经济利益关系，应必须依法进行财务管理，保障各方的合法权益。

五、企业现代财务管理体系的构建

（一）积极借鉴西方财务管理理论，建立有中国特色的企业财务管理体系

西方财务管理理论经过多年的发展和完善，已形成了以财务管理目标为核心的现代财务管理理论体系和以筹资、投资、资金运营和分配为主的财务管理方法体系。我国的国有大中型企业的现状，决定了我们不能照搬套用西方做法，而应积极探索适应当前市场经济条件的财务管理内容和方法，吸收利用西方财务管理理论中的先进成分，建立起有中国特色的企业财务管理理论体系。

（二）建立财务预测系统，强化预算管理

预算管理是当今信息社会对财务管理的客观要求。目前许多国有企业掌握信息滞后，信息反馈能力较弱，使得财务管理工作显得被动落后。要改变这种状况，就应在预算上下功夫，根据企业特点和市场信息，超前提出财务预算，有步骤、有计划地实施财务决策，使财务管理从目前的被动应付和机械算账转变为超前控制和科学理财，编制出一套包括预计资产负债表、损益表和现金流量表在内的预算体系。由此要充分重视以下几项工作。

（1）搞好财务信息的收集和分析工作，增强财务预警能力。企业应注重市场信息的收集和反馈，并根据市场信息的变化安排企业工作，尽可能做到早发现问题，及时处理。

（2）做好证券市场价格变化和企业现金流量变化预测工作，为企业融资和投资提供决策依据，使企业财务活动在筹资、投资、用资、收益等方面避免盲目性。

（3）搞好销售目标利润预测。销售预测是全面预算的基础，同时也是企业正确经营决策的重要前提。只有搞好销售预测，企业才能合理地安排生产，预测目标利润，编制经营计划。

（4）围绕目标利润编制生产预算、采购预算、人工预算及其他各项预算。企业制定合理的目标利润及编制全面预算，有助于企业开展目标经营，为今后的业绩考评奠定基础。

（5）围绕效益实绩，考核预算结果，分析产生差异的原因，积极采取措施纠正偏差。企业在日常经济活动中必须建立一套完整的日常工作记录和考核责任预算执行情况的信息系统，并将实际数与预算数相比较，借以评价各部门的工作实绩，发现偏差及时纠正，强化会计控制。

（三）加强企业风险意识，强化风险管理

在现代社会中，企业的外部环境和市场供求变幻莫测，特别是国内外政治经济形势、用户需求和竞争对手等情况，对企业来说都是难以控制的因素，因而我们应重视风险，

增强风险意识、分析风险性质、制定风险对策，减少和分散风险的冲击。为此，企业在经营活动中应注意以下几个方面。

（1）在筹资决策上应慎重分析比较，选择最适合的筹资方式，以避免企业陷入债务危机。如果财务杠杆率过高、借入资金过多，一旦投资利润率下降、利息负担过重，就会威胁企业财务的安全。因此，国有企业要加强销售客户的信用调查，合理确定赊销额度，避免呆账损失。

（2）对风险的信号进行监测。我们不仅要对未来的风险进行分析，还要对风险的信号进行监测。如果企业财务状况出现一些不正常情况，如存货激增、销售下降、成本上升等，要密切关注这些反常情况，及时向企业有关部门反映，以便采取措施，防止严重后果的出现。

（3）制定切实可行的风险对策，防止风险，分散风险，把风险损失降到最小。

（四）建立健全资金管理体系，挖掘内部资金潜力

（1）实行资金管理责任制，抓好内部财务制度建设。企业在财务收支上要实施严格的财务监控制度，强化内部约束机制，合理安排资金调度，确保重点项目资金需求，提高资金使用效益。

（2）挖掘内部资金潜力，狠抓货款回笼，调整库存结构，压缩存货资金占用，增强企业支付能力，提高企业信誉。

（3）建立自补资金积累机制，防止费用超支现象。企业按税后利润提取的盈余公积金，可用于补充流动资金。合理制定税后利润分配政策，促进企业自我流动发展。

（五）强化企业成本管理，完善目标成本责任制

目前部分企业存在成本管理薄弱、费用支出控制不严等问题。为此，提高财务部门对成本的控制水平、搞好成本决策和控制、提高资金营运效益、确保出资者的资金不断增值就显得尤为关键。

（1）树立成本意识，划分成本责任中心，明确各部门的成本目标和责任，并与职工个人利益挂钩，提高企业成本竞争能力。

（2）对企业实行全过程的成本控制，包括事前、事中、事后的成本管理。通过研究市场变化，调整成本管理重点，把降低成本建立在科技进步的基础上。

（3）建立严格的内部成本控制制度和牵制制度，切实加强生产经营各环节的成本管理，建立成本报表和分析信息反馈系统，及时反馈成本管理中存在的问题。

（4）建立以财务为中心的成本考核体系，拓宽成本考核范围，变目前的定额成本法为目标成本核算法。企业不但要考核产品制造成本、质量成本、责任成本，还应考核产品的售前成本及售后的后续成本。

（六）强化内部监控职能，增强财务基础建设

首先，要强化对企业法人代表的管理，真正贯彻责、权、利相结合的原则，约束其行为。对企业的主要负责人应加强任期审计和离任前审计，防止其违反财经政策，损害投资者和债权人利益。其次，要调整财务部门的组织结构，加大管理会计的建设力度，形成会计实务系统和会计管理系统两大部分。财务部门要监督企业已发生的经济业务是否合理、合法，是否符合企业各项内部管理制度。最后，要建立快捷灵敏的企业信息网络。企业应逐步建立起以会计数据处理为核心、与销售和财务报表分析等信息系统相连接的信息网络，及时反馈企业生产经营活动的各项信息，发现问题后应及时处理。

第六章　企业财务管理的应用创新

第一节　筹资管理应用创新

一、各种筹资方式的选择

企业采用不同筹资方式筹集的资金，其使用时间的长短、资金成本的高低、财务风险的大小、附加条款的限制等均存有差异。企业选择筹资方式时需充分考虑其基本特点。

企业筹集的全部资金按权益性质可分为权益资金和债务资金两大类。

权益资金，又称为自有资本和自有资金，是指企业投资者投入并拥有所有权的那部分资金。投资者凭其所有权参与企业的经营管理和收益分配，并对企业的经营状况承担有限责任，企业对自有资金则依法享有经营权。根据资本金保全制度要求，企业筹集的资本金在企业存续期内，投资者除依法转让外，一般不得以任何方式抽回。因此，自有资金具有数额稳定、使用期长和无须还本付息的特点，它是体现企业经济实力、增强企业抵御风险能力的最重要的资金。

债务资金，又称为借入资本或借入资金，是指企业债权人拥有所有权的那部分资金。债务资金是需要企业在将来以转移资产或提供劳务加以清偿的债务，从而引起未来经济利益的流出。企业的债权人有权按期索取本息，但无权参与企业的经营管理，对企业的经营状况也不承担责任。由于借款利息可以在成本中列支，可使企业获得免税收益，但因借入资金需按约付息、到期还本，会给企业带来财务风险。

（一）权益资金的筹资方式

权益资金的筹资方式主要有吸收直接投资、发行普通股、发行优先股、发行可转换证券、发行认股权证等。

1. 吸收直接投资

吸收直接投资是指企业以协议等形式吸收国家、法人及个人直接投入资金的一种筹资方式。吸收直接投资不以股票等证券为媒介，一般适用于非股份制企业筹集资本金。

（1）吸收直接投资的优点：① 可增强企业信誉。吸收直接投资增加了企业的权益资金，意味着企业实力的增强，增强了企业的信誉和借款能力，有利于将来经营规模的进一步扩大。② 能尽快形成生产能力。吸收直接投资的法律手续相对简单，因而筹资速度较快。而且不仅可以筹集到现金，还可以直接取得所需的先进设备和技术，使企业能尽快形成生产能力，尽快开拓市场。③ 财务风险较小。吸收直接投资是根据企业的经营状况向投资者支付报酬的，效益好则多付，效益差则少付，比较灵活，没有固定偿付的压力，故财务风险小。

（2）吸收直接投资的缺点：① 筹资成本较高。由于直接投资的投资者承担的风险较大，要求的投资回报率也较高，企业因此支付的资金成本也较高，尤其是在企业经营效益好的情况下更是如此。② 不利于企业的经营运作。吸收直接投资不以证券为媒介，涉及产权转让的一些资产重组事项时难以操作，容易产生产权纠纷。另外，各投资者都拥有相应的经营管理权，企业的控制权因此被分散，不利于企业的统一经营管理。

2. 发行普通股

股票是指股份公司为筹集自有资本而发行的有价证券，是持股人用来证明其在公司中投资股份的数额，并按相应比例分享权利和承担义务的书面凭证，它代表持股人对公司拥有的所有权。股票持有人即为公司的股东。

普通股是股份有限公司发行的无特别权利的股份，是指代表着股东享有平等权利、不加以特别限制、其收益取决于股份公司的经营效益及所采取的股利政策的股票。发行普通股是股份公司筹集资本金的基本方式。

普通股股东享有下列权利：① 公司管理权。普通股股东在董事会选举中有选举权和被选举权，经选举的董事会代表所有股东行使公司管理权。② 盈余分配权。普通股股东按其所持股份的比例参与盈余分配，取得股利。③ 股份转让权。普通股股东持有的股份可以自由转让，但必须符合相关法规和公司章程规定的条件和程序。④ 优先认股权。公司发行新股时，现有普通股股东有权优先按比例购买，以便保持其在公司中的权益比例。⑤ 剩余财产要求权。当公司解散清算时，普通股股东有权要求取得剩余财产，但这种权利的行使必须在公司剩余财产变价收入清偿了债务和优先股股本之后。普通股股东同时需承担相应的责任，主要是以出资额为限对公司的债务承担有限责任。

（1）普通股筹资的优点：① 没有固定到期日，不需归还。发行普通股筹集的资金是公司永久性使用的资金，只要公司处于正常经营状况，股东就不能要求退回股金。只有在公司解散清算时，股东才能要求取得剩余财产。这对保证公司对资金的最低需求、保证公司资本结构的稳定、维持公司长期稳定经营具有重要意义。② 没有固定的股利负担。向普通股股东支付股利不是公司的法定义务，股东的股利收益高低一方面取决于公司的经营业绩，另一方面还受制于公司的股利政策。公司分配股利的一般原则是“多盈多分、少盈少分、不盈不分”。显然不会构成公司固定的股利负担，因经营波动给公司带来的财务负担相对较小，公司的现金收支因此也有很大的灵活性。③ 筹资风险小。

由于普通股筹资没有固定的到期还本付息压力，股利只是在盈利的情况下需要支付，不是公司的法定费用支出。因此，普通股筹资实际上不存在不能偿付的风险，筹资风险小。④ 增强公司举债能力。普通股筹资形成的资本是公司的自有资金，反映了公司的资金实力，可为债权人权益提供保障，使公司更容易获得债务资金。因此，普通股筹资能增强公司的信誉和举债能力。⑤ 容易吸收资金。人们一般认为投资普通股的收益高于其他投资方式，并且在通货膨胀时期，普通股的价值也会上涨，不致贬值。因此，普通股比债券更受投资者欢迎，发行普通股容易吸收资金。

（2）普通股筹资的缺点：① 资本成本较高。从投资者的角度看，投资普通股风险较高，相应地，也要求有较高的投资报酬率，为此公司支付的普通股股利一般要高于债务利息。而从发行公司来看，普通股股利从税后利润中支付，无抵税作用。此外，普通股的发行费用一般也高于其他证券。② 稀释公司的控制权。当公司增资发行新股时，新股东的加盟势必稀释老股东对公司的控制权。老股东若想维持原有的控制权，就必须动用大量资金来购买新股。③ 可能引发股价下跌。由于普通股具有同股、同权、同利的特点，当公司增资发行新股时，新股东将分享公司未发行新股前积累的盈余，降低普通股的每股净收益，从而可能引发普通股市价下跌。

3. 发行优先股

优先股是相对于普通股来说具有某种优先权的股票。优先股一方面不需要偿还本金，是公司自有资本的一种筹集方式；另一方面，按固定利率支付股利，又具有债券的一些特性。

相对于普通股股东而言，优先股股东的优先权主要体现在两个方面：一是优先分配股利。当公司分配利润时，首先分配给优先股股东，只有在付清了优先股股利之后，才能支付普通股股利。二是优先分配剩余财产。当公司解散清算时，在还清债务后，剩余财产首先向优先股股东偿付其股票面值及累积的股利，如还有剩余，再分配给普通股股东。但在一般情况下，优先股股东不能参加股东大会，没有选举权和被选举权，也不能对公司重大经营决策进行表决，只有在涉及优先股股东权益问题时才有表决权。

（1）优先股筹资的优点：① 无固定还本负担，并能形成灵活的资本结构。利用优先股筹资，没有固定的到期日，不用偿付本金。实际上相当于得到一笔永续性借款，使公司既获得了稳定的资金，又不需承担还本义务，减少了财务风险。同时，优先股的种类很多，公司可通过发行不同种类的优先股来形成灵活的资本结构，也可以使公司在资金使用上更具有弹性。如公司发行可赎回优先股，则有利于结合资金需求灵活掌握优先股资金数额，并能调整资本结构。② 股利支付有一定的弹性。虽然优先股的股息率是预先确定的，一般而言，公司须支付固定的股利。但固定股利的支付并不构成公司的法定义务，如果公司财务状况不佳，可以暂时不支付优先股股利。③ 提高公司举债能力。发行优先股所筹资金，与普通股一样是公司的自有资金。优先股资金的增加，可以提高公司的权益资金比例，增强公司的资金实力和信誉，提高公司的举债能力。④ 可使普通股股东获得财务杠杆收益。由于优先股股东按票面面值和固定的股息率取得股息，所以当公司的权益资金收益率高于优先股股息率时，发行优先股筹资就可以提高普通股资金收益率，普通股股东因此获得财务杠杆收益。⑤ 保持普通股股东的控制权。由于优先股股东没有表决权和参与公司经营的决策权，因此发行优先股筹资对普通股股东的控制权没有任何影响。如果公司既想筹措主权资本，又不愿意分散公司的控制权，利用优先股筹资不失为一种恰当的选择。

（2）优先股筹资的缺点：① 资金成本较高。优先股的股息率一般高于债券利息率，并且优先股股息是用税后利润支付的，不能抵税，增加了公司的所得税负担，所以利用优先股筹资的资金成本虽低于普通股，但高于债务资金的成本。② 可能形成固定的财务负担。相对于借入资金筹资方式而言，尽管发行优先股筹资具有“股利支付有一定的弹性”的好处，但一般情况下公司仍须尽力支付优先股股利，从而形成相对固定的财务负担。因为股利的延期支付有可能影响公司的财务形象，导致普通股股价下跌，给公司的生产经营和以后的筹资带来障碍。此外，优先股股东的优先权还增加了普通股股东的风险。③ 可能产生负财务杠杆作用。当公司的权益资金利润率低于优先股股息率时，发行优先股筹资，就会降低普通股资金收益率，普通股股东因此遭受财务杠杆损失。

4．发行可转换证券

可转换证券是指可以按发行时所附的条件转换成其他类型的证券（通常为普通股）。如可转换优先股、可转换债券等。其中，较为常见的是可转换债券，即在特定的时期和条件下可以转换成普通股的企业债券。这种转换并不增加公司的资金总量，但改变了公司的资本结构。

可转换证券的转换价格、转换比率、转换期限及相关条款等基本内容在发行可转换证券时已明确规定。转换价格是指可转换证券转换为普通股时股票的价格；转换比率是指每一张可转换证券所能换得的普通股股数；转换期限是指可转换证券持有者行使转换权的有效期限。

（1）可转换证券筹资的优点：① 可降低资金成本。由于可转换证券附有转换权，投资者从中可能获得转换利得，且投资风险相对较小，因此公司能够以低于普通证券的利率发行可转换证券，使得可转换证券转换前的资金成本比普通证券要低。另外，当可转换证券转换成普通股时，其转换成本比直接发行普通股的发行成本要低得多。② 有利于调整资本结构。可转换证券在转换前是公司的负债资金或优先股资金，转换后是公司的普通股资金。投资者行使转换权后，虽然没有增加公司的资金总额，但资本结构发生了变化。尤其是可转换债券转换后，公司的债务资金减少，自有资金增加。负债比例的下降也降低了公司的财务风险，改善了资本结构。

（2）可转换证券筹资的缺点：① 可转换证券转换后即丧失了资金成本低的优势。

可转换证券转换前是债券或优先股，公司只需支付较低的利息或股息；可转换证券转换后是普通股，公司需支付较高的股利，成为资金成本高的资金。② 可转换债券转换失败时，偿债压力大。大多数公司发行可转换债券的初衷是筹集主权资金，而不是债务资金，即希望投资者行使转换权。如果发行公司经营状况不佳，普通股市价没有如期上扬，投资者将放弃转换权而要求公司偿债，造成发行公司沉重的偿债压力。③ 转换价格难以合理确定。由于普通股未来市场价格的变化无法准确预测，发行公司因此难以合理确定可转换证券的转换价格。如转换价格过高，易导致转换失败，使发行公司的预期筹资目标难以实现；如转换价格过低，不仅与发行新股相比所筹资金要少得多，而且也会损害原股东的利益。

5. 发行认股权证

认股权证是指由股份公司发行的，允许持有者在一定时期内以预定价格购买一定数量该公司普通股的选择权凭证。认股权证是一种认购股票的期权，是股票的衍生工具。认股权证可以随公司其他证券一起发行，也可以单独发行。

发行认股权证时需确定其认购期限、认购数量、认购价格及相关条款等。认购期限是指认股权证持有人可以随时行使其认股权的有效期限；认购数量是指每一张认股权证可以认购的普通股的股数；认购价格是指认股权证持有人行使认股权购买普通股的价格。

（1）认股权证筹资的优点：① 降低筹资成本。当认股权证附在债券上一起发行时，公司为附认股权证债券支付的利率低于普通企业债券，从而降低了债券筹资成本。投资者虽然暂时牺牲了一些利息收入，但得到了一项权利，这项权利可能使他未来获得的股票溢价收益超过他所牺牲的利息收入。因此，附认股权证债券对投资者也很有吸引力。② 增加筹资的灵活性。股份公司发行认股权证后，如果公司发展顺利，一方面公司股价会随之上升，促使认股权的行使；另一方面，公司对资金的需求也会增加，认股权的行使正好为公司及时注入大量资金。反之，如果公司不景气，公司不会有新筹资需求，股价的呆滞也会使认股权证持有者放弃认股权。③ 保护原股东的利益。股份公司在利用认股权证对原股东配售新股时，可使一些没有认购能力或不打算认购新股的股东有机会将优先认股权转让，从转让认股权证中获利，并促使股票价格提高，从而有效地保护了原股东的利益。同时新股认购率也会提高，使公司的股票能顺利发行。

（2）认股权证筹资的缺点：由于认股权的行使不是强制的，认股权证持有者是否行使、何时行使该权利，公司无法预先确定。因此公司很难控制资金的取得时间，会给公司有效安排资金使用带来困难。

（二）债务资金的筹资方式

债务资金的筹资方式主要有银行借款、发行企业债券、融资租赁等。

1. 银行借款

银行借款是指企业向银行或其他非银行金融机构借入的各种借款，按借款期限的长短可分为长期借款和短期借款。办理银行借款时，企业与银行之间要签订借款合同，以明确借贷双方的权利和义务。借款合同中应包括借款金额、借款期限、还款方式、借款利率及利息支付方式、借款担保等基本条款，同时还包括对贷款企业的一些限制性条款。

（1）银行借款筹资的优点：① 筹资速度快。企业采用发行股票、债券等方式筹资，需做好发行前的各项准备工作，而且证券发行也需要一段时间，一般耗时长，程序复杂。而银行借款只需通过与银行的谈判即可取得，所需时间较短，程序较为简单，资金获得迅速。② 资金成本低。银行借款直接从银行取得，筹资费用较少，银行借款利率一般也低于长期债券利率，其利息费用也可在税前列支。因此，银行借款比企业债券筹资的成本更低。③ 筹资弹性较大。企业与银行可以通过直接商谈确定借款的数额、时间和利率等。在借款期间，如果企业情况发生变化，也可再与银行协商变更某些条款。而股票和债券等筹资方式是面向广大社会投资者的，协商改变筹资条款的可能性很小。④ 可产生财务杠杆作用。银行借款只需支付固定的利息，当企业的利润率高于借款利率时，能发挥财务杠杆的作用，使所有者从中获得差额利润，从而提高所有者的收益水平。

（2）银行借款筹资的缺点：① 筹资风险较高。企业向银行借款，必须定期还本付息，当企业经营不景气时，可能会产生不能按期偿付的风险，甚至可能导致破产。② 限制性条款较多。这些限制性条款使企业在财务管理和生产经营等方面受到某种程度的限制，约束了企业以后的筹资、投资及经营活动。③ 筹资数量有限。为了降低贷款风险，银行一般对企业借款的数额会有一定的限制，无法满足企业筹集大量资金的需要。

2. 发行企业债券

企业债券又称为公司债券，是指企业依照法定程序发行的、约定在一定期限内还本付息的有价证券。债券本质上是一种公开化、社会化的借据，是发行者为筹集资金向社会借钱。债券的基本要素包括债券面值、债券期限、债券利率和债券价格。

企业债券的持有者有权按约定期限取得利息、收回本金，对企业的经营盈亏不承担责任，有权将债券转让、抵押和赠送，但无权参与企业经营管理，也不参与分红。

（1）债券筹资的优点：① 资金成本较低。企业债券的利息通常低于优先股和普通股的股息和红利，利息费用还可作为经营费用允许在税前成本中列支，具有减税作用。与发行股票筹资相比，债券的发行费用也要低得多。因此，债券筹资的资金成本低于股票筹资。② 能产生财务杠杆作用。发行债券的利息费用是预先约定的固定成本，当企业资金利润率高于债券利息率时，采用债券筹资会增加所有者收益水平。③ 可保障股东的控制权。债券持有人的权利仅仅是按期收回债券本息，债权人没有表决权，更无权参与企业的生产经营管理。因此，债券筹资对股东的控制权基本上没有影响，可避免普通股筹资稀释企业控制权的缺陷。④ 便于调整资本结构。如果企业发行的是可转换债券，当债券持有人行使转换权时，这部分债务资金便转化为权益资金；如果企业发行的是可赎回债券，当企业资金充裕时，可及时赎回债券，既减少了企业的利息负担，又降低了债务资金比例，财务风险也随之降低。因此，可转换债券和可赎回债券的发行有利于企业主动、合理地调整资本结构。

（2）债券筹资的缺点：① 财务风险较高。债券本息是企业固定的财务负担，当企业不景气时，可能遇到无力支付债券本息的财务困难，有时甚至会导致企业破产清算。同时，由于必须定期还本付息，要求企业在资金调度上定期准备充足的现金流量，加重了对企业资金平衡的要求。② 可能产生负财务杠杆作用。企业债券的资金成本是固定的，当企业经营不善以至于资金利润率低于债券利息率时，采用债券筹资会降低所有者收益水平。③ 限制条款较多。为了有效保护债券持有人的权益，发行企业债券的契约中附有许多限制性条款，这些条款限制了企业财务应有的灵活性，可能影响企业的正常发展及未来的筹资能力。另外，企业债券的筹资数量也受到相关法规的限制。

3．融资租赁

租赁是指出租人（财产所有人）在契约或合同规定的期限内，将租赁物的使用权和一定范围内对租赁物的处分权让渡给承租人（财产使用人），同时按期向承租人收取租金的经济行为。融资租赁也称为财务租赁、资本租赁，是由租赁公司按照承租方的要求出资购买设备，在较长的契约或合同期内提供给承租方使用的一种信用业务。融资租赁的主要目的是筹资，它是一种将筹资与融物相结合，带有商品销售性质的租赁形式。

融资租赁的租赁期一般超过租赁资产有效使用期的 50%，是长期而比较固定的租赁业务；融资租赁合同一经签订，在租赁期间双方均无权中途解约；由承租方负责租赁资产的维修、保养和保险；资产所有权在租赁期满时一般有留购、退租和续租三种选择，大多采用承租方留购的处置方式，这样可以免除租赁公司处理设备的麻烦。

（1）融资租赁筹资的优点：① 能迅速获得所需资产。租赁是一种兼融资与融物于一体的筹资方式，相当于在取得购买资产所需要的资金的同时，用这笔资金购买资产。这显然比先筹资后购置资产的方式更迅速、更灵活，能使企业尽快形成生产经营能力。② 筹资限制少，灵活性强。企业采取发行股票、债券筹资时，需要经过严格的资格审核，运用长期借款筹资时，往往也要受到许多限制性条款的制约。租赁中出租方对承租方的限制和要求则较少。有些企业由于种种原因，如负债比率过高、银行借款信用额度已用完、资信较弱等，限制了企业进一步举债筹集资金。这时可采取租赁形式，在不必支付大量资金的情况下就能得到所需资产，既可以解决企业的筹资困难，又达到了全额筹资的效果。③ 能保持资金的流动性。在租赁方式下，企业不必一次性支付大量现金用于购置资产，从而保持了资金的流动性。租金是在整个租赁期内分期支付的，分散了企业不能偿付的风险，而且租金可在税前扣除，减少了承租方的所得税支出。

（2）融资租赁筹资的缺点：① 筹资成本高。租赁的租金一般包括资产价款、资金利息、租赁手续费及出租方合理的报酬，其筹资成本显然要高于债券和借款等筹资方式。② 固定债务增加。承租方在租赁期内需定期向出租方支付一笔租金，这无疑给承租方带来了固定偿债压力，尤其是在企业财务状况不好时。

二、可转换债券融资时机的选择

随着我国资本市场的发展和完善，可转换债券这一融资工具必将为众多的公司所运用。为减少企业融资的盲目性，下面就公司运用可转换债券融资的时机做进一步探讨。

（一）可转换债券的融资特性

1．较低的利息率

可转换债券的利率较一般公司债券低，它不得超过银行同期存款的利率水平，所以发行公司可减少利息支出，节省融资成本。投资者虽暂时放弃了一部分利息收益，但获得了一种转换期权。

2．债券与股票的双重身份

可转换债券既具有一般债券的性质，同时还兼有股票的性质。对发行公司而言，如果转换成功，其一可减轻到期偿还一大笔债务的压力；其二可调整公司资本结构，增强公司实力；其三避开了一般公司债券较多的约束性条款，可增强公司使用资金的灵活性。但转换失败则可能导致公司财务危机乃至破产。对投资者而言，债券转换前是债权人，可获得稳定的利息收益；当发行公司股价上升时，行使转换权，可获得股票涨价收益及比一般债券的利息收益更高的股利收益；股价下跌时，投资者放弃转换权，虽然遭受一部分利息损失，但是避免了股票跌价损失。

3．转换价格高于发行时公司股票平均价格水平

发行可转换债券时设定的转换价格，一般以发行公司前一个月股票平均价格为基准上浮 10%~30% 加以确定。为了在转换期内发行公司股价能升值至超过转换价格，以促使债券转换成功，发行公司必须创造最佳的经营业绩，加速公司的发展。因发行新股、送股及其他原因引起公司股份发生变化时，发行公司应及时调整转换价格，以保护投资者的利益不受影响。

4．转换权的可选择性

转换权的行使不是强制的，只有当发行公司股票市价高出转换价格时，投资者才会行使转换权而实现转换利得。这种可选择性降低了投资者的投资风险，但增加了发行公司的融资风险，也可能影响公司在最初融资时确定的最优资本结构。

5．可赎回性与可回售性

发行公司在契约中可规定，在到期日前按高出债券面值的约定价格提前赎回债券的附加条款，即在债券的市场利率降低时，发行公司溢价赎回旧债券，再以较低的利率发

行新债券。可转换债券的这种可赎回性，给发行公司增加了融资的灵活性，有利于进一步降低融资成本。在契约中还可规定：在到期日前投资者可要求发行公司以一定的回报率将债券买回的附加条款，即当发行公司的股票价格在一段时期内连续低于转换价格达到某一幅度时，投资者可按事先约定的价格将所持债券退回发行公司。这种可回售性为投资者的权益提供了额外的保护。

（二）可转换债券融资时机的选择

针对可转换债券的上述特性，公司运用可转换债券融资时需注意选择以下时机。

1．宏观经济环境较好

宏观经济环境的好坏直接影响各公司经营的好坏，必然对证券市场股价变化带来极大的影响。经济高涨时期，股价大幅度上升，有利于可转换债券的发行和转换。

2．一般公司债券的市场利率水平较高

当公司债券的市场利率较高时，公司发行一般公司债券的融资成本较高，利率下调的空间也较大，发行可转换债券则可以达到节省融资成本的目的。目前，我国存贷款利率及一般公司债券的利率偏低，利率下调的空间较小，能为发行公司节省的融资成本极为有限，不宜选择可转换债券的融资方式。

3．发行公司应为上市公司或即将上市的公司

从可转换债券的基本特性来看，其发行主体应该是上市公司。对非上市公司，投资者无从了解其股票的真实价值，也难以判断公司的经营业绩和发展前景，转换权的选择往往带有极大的盲目性，必然影响这些公司可转换债券的出售和转换。目前，我国证券市场上可转换债券的发行主体限于重点国有企业中的未上市公司，以扶持这些国有企业改制解困。但随着我国证券市场的发展和完善，必将取消其发行资格，取而代之的应是运作规范的上市公司。

4．发行公司的资产负债率较低且有调整资本结构的内在需求

我国相关政策规定：可转换债券发行额不得少于人民币 1 亿元，且发行后，发行公司资产负债率不得高于 70%。若发行前资产负债率已较高，发行后的资产负债率往往会超过 70%，这是政策所不允许的，且高负债带来的高风险，也将使投资者不愿涉入。同时，可转换债券的发行必须以所有可转换债券转换为股权之后，企业资本结构达到最优为目标，如公司原有股东不愿意股权被稀释，没有在三五年内扩大股本的资本结构调整需要，则只适宜发行一般债券。

5．发行公司近期的经营业绩较佳

可转换债券的发行公司必须最近 3 年连续盈利，且净资产收益率平均在 10% 以上。如公司近期经营业绩差，也就无法吸引潜在债权人投资，即使是一般公司债券也难以发行成功，更何况是可转换债券。

6. 发行公司成长性较好

成长型公司的发展前景好，其股票的未来升值潜力较大。只有在预期债券转换期内发行公司股票价格可升至转换价格之上时，才会对潜在的可转换债券投资者产生足够的吸引力。这也是可转换债券发行和转换成功的基础。

7. 发行公司具有较强的偿债风险承受能力

许多发行公司是以转换成功为前提假设来发行可转换债券的。但必须充分考虑公司股票价格变动的风险，以及投资者对转换权的可选择性等因素给发行公司带来的偿债风险，发行公司必须具备抵御这种风险的能力。否则一旦转换失败，发行公司可能会因投资者行使回售权或债券到期需偿付高额的债券本息而破产。如日本八佰伴公司于20世纪80年代中期发行374亿日元的可转换公司债券，至90年代债券到期时正遇日本股市暴跌，投资者纷纷放弃转换权而要求偿还债券本息，八佰伴公司因无力偿债而破产。

8. 适时设立赎回条款与回售条款

如发行公司近期股价持续上涨，且上涨幅度较大，未来发展前景非常乐观，投资者的投资欲望较强，发行公司在发行可转换债券时可附加赎回条款。在这种情况下，一般不会影响可转换债券的出售，但对发行公司则极为有利，一方面可避免债券市场利率下调时公司仍承担较高利率的风险；另一方面在股价大幅度上扬时可迫使投资者行使转换权。如果发行公司发展前景不是很乐观，可能影响可转换债券出售时，发行公司可附加回售条款，这种额外的保护可吸引更多的投资者，有利于可转换债券的顺利出售。

第二节　投资管理应用创新

一、股权投资管理创新

随着经济体制改革的不断深化，我国企业进入了新的发展时期。面对良好的发展机遇，如何将其充分利用、助力自身发展成为企业最为关心和关注的问题。若要实现紧抓机遇的目的，首先要加强资金管理。毕竟资金是企业的血液，是开展一切经营活动的基础，更是企业扩大业务规模、增强经营稳定性不可或缺的支柱。为了实现对资金的高效利用，企业采取了各种方式，股权投资就是其中较为有效的手段。通过股权投资，企业既能盘活闲置资金，又能增强对被投资企业的控制力度，从而实现资金的最大化利用；同时，企业也需要在一定程度上承担被投资企业的经营风险。也就是说，股权投资有利有弊。为了扩大有利影响，规避不利影响，需要对股权投资展开深入研究，明确管理关键点，找到强化股权投资的有效措施。

（一）股权投资概述

股权投资是指企业通过资金注入、无形资产投入等方式直接投资其他单位，或者购买其他单位股票的形式取得被投资单位股份的模式，其最终目的是为了获得更高利益。企业进行股权投资时，需要遵循三个原则：一是安全效益原则，虽说风险与收益并存，企业投资活动必然会伴随风险的发生，但在进行股权投资时，需要避免涉及高风险行业，对于风险不可控、收益难评估的项目也要加以规避，也就是说，要以安全性强、收益率高为投资前提。二是规模适度原则，股权投资一般都是长期投资，所需投入的资金数额较大、回报周期较长，在资金回笼期间容易出现不可控因素，导致投资回报率下降，甚至会影响企业正常运转，因此在进行股权投资时需要控制投资规模，如股权投资总额应限制在净资产的50%以下。三是规范效率原则，股权投资决策的制定需要严格按照企业相关程序规定进行，所需开展的调查、留存的资料等均需完善；同时还要提高各环节的工作效率，避免因效率低下而错过最佳投资时机，导致前期进行的分析论证失去参考意义。

（二）股权投资的必要性

1. 提高资产利用率的需要

随着企业发展壮大，其所拥有的资产总额也在不断提升。无论是现金流等有形资产，还是技术、人力等无形资产，企业在自身发展过程中容易出现对其使用率有限的情况，导致或是存在一些闲置资产，或是用于自身业务所能获取的收益不高。这种投入产出比低下的情况实质上是对企业资产的浪费，因而需要找到更科学的资产使用方式来提高利用率，股权投资就是行之有效的方法。具体来说，企业通过市场调研、考察等方式明确适合投资的单位，然后投入适量资产以取得相应股份，如此便可以通过被投资单位的生产经营取得相应收益。这种方式可以将企业资产用在投入产出比最高的地方，使企业获得最为理想的收益。由此可见，股权投资是企业提高资产利用率的需要。

2. 分散风险的需要

企业所能开展的自营业务的种类、规模等都是有限的，而且业务经营过程中所产生的风险全部需要自己承担，这对企业来说是较为不利的。因为若是企业实力不够雄厚、业务不够稳定，一旦相关市场产生波动，发生不利于企业经营的变动，就有可能影响其经营状况。因此，企业必须学会分散风险。只有将经营过程中所可能遇到的风险零散化，才能在一种业务出现问题时，有另一种业务做支撑，确保企业经营的顺利开展。股权投资就是企业分散风险的一种方式。通过股权投资，企业可以对内部资源进行合理再调配，在确保自营业务稳定发展的前提下，将额外资产进行投资，可以涉足一些低风险、高收益的行业，既能实现企业业务种类的多元化，又能提高业务弹性和风险适应性，降低风险发生率和带来的不利影响。

3．提高市场控制力的需要

对企业来说，其必定是处在产业链的某一环节，有其所相关联的上下游企业，各个企业之间有着紧密的利益联系，一旦上下游企业发生变动，或是经营状况出现不良问题，或是二者之间合作不够顺利，都会影响企业自身的发展运营。如原材料供应商延迟供货、供货品质不达标等，企业利益都会受损。因此，企业若要确保经营业务的稳定，就必须加强对相关市场的控制力度，进行股权投资则是企业提高市场控制力的有效手段。这是因为通过对上下游企业进行股权投资，企业可以取得其一定的股权，根据股权多少，企业所拥有的掌控力度也是不同的。例如，企业若是拥有足够的股权，则有权决定被投资企业的经营决策，使之做出最有利于企业获益的决策；若是企业拥有的股权有限，那么也可以对被投资企业造成一定的压力，使其在制定决策时将企业利益考虑在内。

4．是调整资产结构、增强企业资产流动性的需要

股权投资是以获取被投资单位股份的模式进行的，所以其标的主要是股份，特别是对于可在资本市场上自由交易的股份，其流动性很强，上市公司股票是随时可以进行自由交易的。因此，当企业有投资计划且有相应资金时，可以通过评估买入合适公司的股票，而在需要资金时，或者是发现所投资企业股票走势预期不好时，又可以随时将股票卖出获得现金。这样既可以增强资产的流动性，又可以让企业的闲散资金获取高收益水平，不会因为股权投资而影响企业资产的变现能力，还可以调整优化企业的资产结构，增强资产流动性。

（三）加强股权投资管理的创新措施

1．加强人才培养

人才是企业最宝贵的财富，企业在分析考察市场、制定经营决策时，除了依靠全面的信息资料，最重要的是依靠高能力的人才，只有高水平的人，才能将企业所收集的信息资料充分利用，达到最理想的效果。而股权投资本身就是一项较为复杂且关系重大的决策事项，必须有专业人员的参与，因此，若要加强股权投资管理，首先要做的就是加强人才培养，保证所做每一项决策的合理性，减少风险。一方面是理论培养，即通过专家讲授、案例分析、情境模拟等方式开展培训课程，通过学习提高工作人员的理论知识水平，并熟悉每个操作环节的关键事项，为实际操作提供基础。另一方面，要增加实际工作经验，这就要求企业在开展培训时，必须保证所学课程、知识和具体工作有着高度的契合性；培训结束后，企业要为参培员工提供应用培训所学知识的机会，使其能够将所学知识尽快应用于具体工作，提高其实际操作水平。此外，企业应该着重培养工作人员的市场敏感性、信息分析能力以及全局观念，能够及时捕捉到市场变化时所传递出来的信息，并做好下一阶段的预测，确保在进行股权投资相关分析时能够从足够的高度进行。

2．做实可行性研究

可行性研究是企业进行股权投资前必须要进行的工作，而且至关重要。这是因为一项股权投资决策是否制定和执行，关键就是要参考可行性分析报告。通过此报告可以了解此项投资的资产投入、效益回报、回报周期等各种信息，明确可行性高低，然后再结合企业实际状况、需求等做出最终决策。一旦可行性研究浮于表面、流于形式，不能反映最为真实的情况，那么最终报告的科学性就有待商榷，可参考价值就不大了。鉴于此，需要做实可行性研究。首先，投资前必须要进行深入的市场调查，从多个维度层面了解拟投资行业乃至相关行业的发展现状、趋势及经营业绩等，收集足够的市场信息以作后续分析支持性材料。其次，要做好敏感性分析，对于拟投资行业和产品相关的影响因素进行深入分析，包括国家政策、技术发展、替代产品、行业周期等，通过相关影响因素的分析洞悉未来发展趋势，预先考虑股权投资过程中可能出现的问题或遇到的风险等，并制定有效的应对措施，判断投资的可行性。最后，要深入了解拟投资企业的真实情况，包括经济实力、科研实力、人力资本等，确保企业的可行性分析是在知悉拟投资企业真实情况的前提下进行的，避免因股权投资带来风险。

3．合理设置治理结构

企业发展状况与被投资公司的治理结构密切相关，若是被投资公司的治理结构不利于股东，那么企业进行股权投资后也无法获得预期收益，一旦被投资公司出现经营状况，企业还要承担相应风险和损失。因此，对被投资公司治理结构的确定，首先需要以股东风险最小化、利益最大化为原则。而这就需要明确企业对被投资公司的控制程度，是实际控制，还是仅参股。若是非实际控制，而仅为参股，那么控股比例最好限制在40%以下，防止投入大量资金，没能实际操控被投资企业的经营决策，反而要承担极大风险的情况的发生。其次是科学设置决策机制，尤其是股东大会、董事会等会议机制的确定，若是实际控制，那么要慎重分配决策权力，避免出现制定决策时被小股东所牵制的情况；若是参股，则要关注一票否决权的设计方案，明细企业是否有一票否决权。同时企业要形成科学的投资决策体系，对股权投资项目的决策要在可行性研究的基础上，集思广益，保证所做出决策的组织层级科学合理，提高决策的合理性。

4．建立并完善风险预警机制

所谓的风险预警机制，不仅是针对投资风险，还有股权投资阶段的筹资风险等。完善有效的风险预警机制可以帮助企业更好地规避风险，或及时化解风险。首先，企业自身应该有完善的风险预警机制，全面做好企业经营运转过程中所面临的各类风险的预警工作，在触发预警警戒线时及时做出反应，避免风险的发生或者是影响范围扩大。其次，企业要在被投资企业也建立风险预警体系，特别是在拥有绝对控股权的情况下，这样可以实时监督所投资股权项目的运营情况，能够在被投资企业出现不利因素时迅速进行调整，避免股权投资项目出现损失甚至是更坏的局面。最后，做好风险识别和评估工作，从专业角度加强对风险的识别，并合理评估风险发生的可能性及影响，在企业风险可承受能力范围内建立完善风险预警红线，发挥风险预警机制作用。

综上所述，企业进行股权投资既是提高资产利用率的需要，也是分散风险、提高市场控制力的需要。在进行股权投资时，需要遵循安全效益、规模适度以及规范效率三个原则。为了加强股权投资管理，提高投资科学性，可以采取加强人才培养、做实可行性研究、合理设置治理结构、建立并完善风险预警机制等措施，不断提高企业股权投资的科学性和管理的有效性，保障股权投资的收益性。

二、项目投资管理创新

企业可以通过项目投资提高经济效益，推动企业自身长久发展。对项目投资管理进行重点研究分析是当前企业发展规划的重点课题。

（一）新时期项目投资管理面临的新局面

1．项目融资难度逐步加大

在过去传统的投资模式下，项目的建设资金主要依靠企业自有资金、公司贷款等方式解决，在项目建设完成后，通过后续运营管理实现项目收益。但是，随着近年来国际宏观经济下行压力加大，国内投资放缓等因素影响，项目建设面临的融资压力逐步增加。单纯依靠银行贷款势必增加企业资产负债率，甚至影响企业日常生产经营。如何完善融资渠道，盘活企业资产，是对企业投资项目管理提出的新的挑战。

2．项目经济效益低于预期

项目的经济效益主要取决于项目投资概算与后续运营管理。项目落地受建设工期较长的影响，人工、原材料成本增加，加上个别项目设计变更较多等多方面原因，导致项目实际投资远超项目概算，致使项目总体收益低于预期；同时，也存在个别项目由于运营管理成本居高不下、项目重复建设分流市场等原因，致使项目运营收益低于预期，影响项目经济效益。

（二）新时期加强项目投资管理的意义

1．有利于改善企业的资本结构

对于企业而言，自有资本、企业开始成立时投入的资金以及企业投入运营后产生的收益等资产，均为企业可用的投资资源。企业单纯依靠自身资源完成项目投资，既对企业日常生产经营造成影响，又无法做到内外部资源有效利用，而单一的银行贷款融资模式也越来越无法满足企业的投资需求。在新的环境下，丰富融资渠道，完善融资方案，不但有助于新上项目的建设推进，并且可以为企业的正常运行提供保障。不仅如此，企业还可以借助融资管理，将固定资产转变为流动资金，有效提高市场信誉，从而进行短期贷款筹措资金，之后将这些资金投入企业其他项目的投资生产过程中，平衡企业金融结构的投资和负债。

2. 有利于完善企业的管理制度

对于企业来说，企业的长远发展离不开完善的管理制度。加强企业投资项目管理，倒逼企业完善管理制度，有利于防范项目风险，降低项目管理成本，提高项目后期运营效率，增加项目未来收益，更好地实现项目经济效益。同时，完善的内控制度与核算管理制度可以为项目落地、为企业确立合理的投资计划提供参考信息，提升内部管理决策的科学性。

（三）新时期项目投资管理的创新措施

1. 企业投资项目与企业发展战略相匹配

企业的发展一方面依靠日常生产经营累计；另一方面依靠扩大生产规模、并购标的企业实现资本扩张。企业的投资标的项目必须与企业的发展战略相匹配，与企业主业发展相适应，用有限的资源投入更加契合企业发展的项目中。在跨行业投资时审慎论证，深入做好行业研究与风险控制，实现企业滚动发展。新时期市场经济繁杂多变，在新的投资环境下寻找适合企业发展的投资标的，论证项目实施影响，实现生产经营与项目投资对企业发展的双轮驱动，为企业长久发展提供持续动力。

2. 健全企业金融投资预算管理体系

当企业规模发展到一定程度，最大的风险并非来自日常经营，而是在于企业盲目扩张导致的资金链断裂，企业投资项目的论证前提在于企业的融资能力及企业现金流的承受能力，在企业投资项目决策时，需对企业的投资能力给予准确判断，避免因项目投资影响企业经营性现金流，切实规避盲目投资、过度扩张。因此，健全企业投资预算管理体系是保障企业投资管理的重要支撑。具体措施如下：首先，培养企业财务和管理人员良好的投资管理理念。当前我国市场经济发展日新月异，只有管理人员具有敏锐的市场嗅觉，才能为企业投资规划指明方向，所以需要企业建立健全的投资预算管理体制，提升资金综合投资利用率。其次，加强企业内部资金预算，保证资金预算科学、合理、高效、规范。最后，对企业投资预算责任机制进行完善，在该机制的作用下，能够使得预算行为的相关责任落实到个人，并结合相应的奖罚制度，能够促使预算人员明确工作重点，强化个人责任机制，提高预算管理体系的有效性。

3. 做好企业投资计划

投资计划是投资项目落地的指导总纲，是企业短期投资行为的实施方略。年度投资计划的编制是年度投资行为的前提与基础。企业针对投资能力、投资风险、收益测算等事项进行系统分析，根据企业资金承受能力，选取与现阶段企业发展契合度最高的项目，适当舍弃与企业发展不适应的项目，编制年度投资实施方案，确保投资计划符合企业经营需求，做到企业投资有的放矢。与企业发展相匹配的投资计划，是新时期企业投资管理策略的重要措施。

4．实现投资项目全过程管理

在新时期项目投资管理过程中，除传统项目建设过程的管控之外，要更加注重项目全过程管理。所谓投资项目全过程管理，是指投资项目从项目论证阶段开始，到项目建设实施、竣工验收、生产经营为止的全生命周期管理，主要分为项目事前决策、项目事中控制、项目事后管控。项目事前决策主要从项目所处行业、企业投资能力、项目收益分析、项目风险论证等各个方面全面考察项目，对项目是否开展提供准确的判断。项目事中控制主要是项目投资概算、项目实施进度、项目建设质量等方面，从资金、节点、质量三个角度对项目建设进行管控。项目事后管控主要是对项目竣工验收并转产运营后的经营效益进行分析，与项目决策阶段的效益论证进行对比，验证项目效益是否达到预期，如未达到预期，审查相关原因，并提出具有针对性的改善方案。为了实现项目全过程管理，针对各个环节制定对应的管理办法，严格奖惩机制，这样，通过项目全过程管理，切实实现企业投资对企业发展的持久驱动。

5．提升企业内部投资管理队伍

首先，强化队伍宏观意识，注重政策变化对项目的影响。在市场经济中，投资行为会受到国家宏观调控的影响，因此企业须明确国家当前政策，思考企业发展与政策契合点。其次，完善激励机制与考核机制。一方面，制定切实可行的激励措施，综合考虑物质与精神激励结合，增强团队凝聚力；另一方面，严格落实项目考核措施，增强投资团队对于项目实施的责任心，多措并举，提高团队投资效率。最后，始终保持团队学习能力。随着外部环境的复杂多变，对企业投资项目选择与落地提出了更高的要求，这就要求投资团队始终保持学习能力，接受新鲜事物，探索潜在发展机遇，从而对项目有着合理判断，提升投资团队业务水平。

综上所述，随着信息时代的到来，项目投资管理将会面临不一样的风险和机遇，在竞争日益激烈的环境下，想要推动企业长足发展，企业应该充分意识到投资管理的重要性，丰富企业融资渠道，做好企业投资计划，实现投资项目全过程管理，强化企业内部投资管理队伍，助力企业健康稳定发展。

第三节　成本管理应用创新

任何经济活动都会涉及成本，成本将直接影响最终的收益，是企业经济活动中需要考虑的关键因素之一。成本管理则是在着眼公司全局的条件下，从各个环节对生产成本进行控制和管理。一个企业的正常运作涉及多个环节，每个环节都会产生一定的成本，最终的盈利额要在销售额里面扣除成本，因此成本越低，企业的效益才会越好。

大部分企业已经认识到了成本管理的重要性，在企业的运行过程中也采取了一定的手段控制成本，但是从整体上而言，我国企业的成本管理仍存在一定的问题。首先，观念比较落后。在一些人的观念里，成本管理就是一味地减少成本，甚至不惜牺牲质量和品牌声誉，这种做法往往得不偿失，损害了企业的形象。其次，企业预算不到位，在一些工程和项目的开展过程中，没有贯彻落实预算管理，最终使得成本与预算相差太远，影响了企业的最终效益。最后，企业的成本管理工作不科学，造成相应信息无法适应现实情况，与市场实际脱轨。在这种问题的影响下，企业成本管理发挥的作用有限，对此，必须创新现有的企业成本管理方式，才能推动企业的跨越式发展。

一、创新成本管理

实践证明，传统的成本管理观念已难以适应当前的市场环境，必须转变传统思维，不断求新求变，开拓创新，才能做好成本管理工作。首先，应当树立全面成本观念。在以往的观念中，所谓的成本只包括生产产品所需要的成本，这是最直接的成本，但成本远不止这些。产品的开发、生产、运输等环节都会产生消耗，这些都属于成本的一部分，全面成本就是要将企业运行各个环节所可能产生的开支都包括在内，这样对企业日常活动中的各项开支便一目了然，从而有利于从整体上把握企业的真实情况，寻求有效的盈利方式。成本管理观念是支配企业活动的领导者，只有从根源上树立正确的成本管理观念，后续工作才能顺利地进行下去。其次，要形成成本效益观念。在一些人的观念中，尽可能地减少成本就可以提高企业盈利的机会，殊不知，一味地压缩成本，甚至不惜以次充好，使用质量低劣的材料，会使得产品的质量大打折扣，影响产品在消费者中的地位，树立不好的形象，最终导致企业的效益一落千丈。企业成本管理决不能再走这样的老路，在保证产品质量的同时，寻求科学的成本管理方式，用质量和口碑提高企业的效益，赢得消费者的信任，从而提升企业的效益。

二、做好市场调研，创新预算管理

预算在企业成本管理中占据着重要地位，预算直接影响后期的收益，有些企业正是因为不重视预算管理，前期没有与市场相衔接，最终导致预算与实际情况严重脱轨，影响了企业的最终盈利。因此，做好预算也是控制成本的重要手段之一，理应做好前期的市场调研，创新预算管理。在一项项目开始之前，应当由专业人员进行调研，根据市场的真实情况，对各个环节可能需要的成本做出详细的报告，以便领导者能够更好地认识这一项目可能需要的成本和最终可能获得的盈利，使得领导者能够更好地做出决策。做好预算需要建立一支专业的预算队伍，确保预算的科学性，真正为企业的运营发挥相应的作用。此外，做好预算管理不仅要对成本进行预算，还要对未来可能获得的收益进行预算，从而更直观地了解最终的收益情况，做好成本管控工作。

三、加强科技创新，节约成本

“科学技术”是第一生产力，不重视科技的企业势必要被市场淘汰，通过科技创新，一方面可以提高产品的功能，吸引更多的消费者；另一方面也可以节约成本，提高效益。在一些企业当中，产品的生产需要依赖大量的机器和人工，一些大型器械的工作效率不高，还需要大量的人力，长此以往，便会在无形中增加产品的成本，降低效益。因此，加强科技创新无疑是节约成本的一项好办法。企业可以通过引进先进技术和器材，或者加大人力和资金投入，研发新的技术和产品，虽然前期需要投入一些资金，相应地增加成本，但是从长远来看，新的技术可以提高企业的生产效率和产品质量，减少人力和物力的投入，加强科技投入是十分必要的。

四、提高员工的成本管理能力，建立专业的队伍

企业的成本管理工作离不开专业工作人员的帮忙，在一些企业当中，缺少专业的成本管理工作人员，会使得成本管理工作难以真正贯彻落实。针对此情况，若想实现企业成本管理的创新，必须建立一支专业的队伍，通过员工之间的相互合作，从各个环节入手，加强相应的管理工作，做好前期的成本预算并严格按照预算推进各环节。如果出现严重超支的情况，应当尽快采取相应措施，做好管理工作。人才，在21世纪是最重要的财富，任何工作的推进都离不开人员的支持，首先，企业应当认识到人才的重要性，建立一支专业的队伍。其次，企业应当引导员工树立成本观念，在企业的日常活动中严格贯彻成本管理，强化每一个环节。

成本管理在企业的发展过程中至关重要，直接关系最终的收益情况，针对目前的情况，为了实现企业的综合发展，对于运营中的各个环节都应当加强管理，建立专业的管理队伍，树立正确的观念，做好预算等相应工作，实现企业效益的最大化。

第四节　股利分配管理应用创新

在快速发展的现代社会中，市场竞争越来越激烈，企业财务管理工作是影响企业能够长久稳定发展的重要因素，本节将从财务管理中的股利分配问题入手进行研究，对于企业的发展来说，具有重要的社会现实意义和不可忽略的价值，也希望能够激发更为广泛的思考和讨论，进而促进该领域更加深入地研究。

一、股利分配的内涵分析

所谓的股利分配，是股东按照特定的形式从自身所持有股份的公司获得的收益。从内容角度来说，股利包括股息和红利。股东能够获得相应的股利，最为重要的因素是其所持股的企业经过正常的经营具有经营成果，也就是所获得的收益。从股利的分配形式来说，既包括现金股利分配，也包括股票股利分配。在股利具体的分配过程中，可以实行定期稳定的分配政策，也可以具体依据企业的运作情况来设定具体的分配政策。

二、股利分配的现状思考

目前，关于我国上市公司进行股利分配的过程中，主要存在以下几个方面的问题：首先，部分企业在自身经营实现了足够盈利、可观盈利的情况下，仍然进行不分股利或少分股利的决策，对于中小股东的理由主要为企业需要为后续的经营进行足够资本的留存。从经营角度来说，此种决策无可厚非，企业长久稳定的经营也能够带来更为客观的收入，但与此同时，企业在股市中进行大规模的资本融资，并且给予高管层大规模的加薪，在一定程度上漠视了中小股东的股利分配要求。其次，从股利分配的原则来说，一般需要公司董事会进行决议，而通过少数服从多数的原则，股利分配的具体原则往往是按照大股东的意愿进行，部分大股东在进行股利分配原则制定的过程中，只考虑当前的现金收入情况，并不能充分考虑企业的长久发展因素。再次，在股利分配过程中，由于缺乏成熟的考虑和足够的市场洞见，部分企业在具体分配过程中往往出现不同年份相差甚远的状况，股利分配政策本身的稳定执行性不强。最后，很多企业利用股利分配的过程进行再次融资、圈钱，将股利与融资进行共同推进。

三、股利分配管理的创新措施

（一）限制条件

为了能够保证企业的健康运作和经营，避免多方主体的利益受到恶意威胁或损坏，企业在进行股利分配的过程中受到多维度政策的限制，进而避免在企业内部出现不良目的的操作。具体来说，若企业在经营过程中借入了前期债务，在债务未到期完全偿还的过程中进行股利分配，则需要满足债务合同中的具体条款，若企业在股利分配的过程中计划采用现金的形式进行分配，则需要能够预留足够的资金进行未来一段时间内的运营周转，避免由于股利分配或恶性操作行为导致企业在后续的经营过程中出现问题，进而影响广大股东的基本权益。

（二）经济环境

外部经济环境对于市场环境中的经济主体行为具有直接影响，尤其是经济环境波动较为剧烈的时代，经济主体的决策更是受到较大的影响。在企业进行股利分配的决策过程中，越来越多的企业倾向于采用现金股利的分配形式，但当外部经济环境出现较为严重的通货膨胀时，现金本身的购买能力下降，企业预留的购买重大资产的资金已不足以满足基本的支付要求，则需要从经营利润中进行找补，这就直接影响了股利分配的金额。因此，对于企业而言，在进行股利分配的过程中，基于企业自身的长期运行，还需要充分考虑外部的经济环境因素。

（三）市场环境

前面已经提到，对于企业而言，目前最为广泛的、最受青睐的股利分配形式为现金股利，在现金股利派发的过程中也受到外部市场环境的影响。从企业经营角度来看，如果外部市场环境拥有较多的投资空间和机会，企业为了获得更高水平的收益则需要更多的资金支持，那么在当年周期内的股利派发过程中则偏向采用低股利的形式，留存更多的灵活资金进行投资；而如果外部市场环境的投资机会较少，扩大规模获利的机会并不明显，则可能会在股利分配的过程中采用高股利的形式。外部市场环境直接影响企业在股利分配过程中的决策以及操作空间。

（四）经济能力

企业在进行股利分配的过程中，通过现金股利分配尽管能够满足大部分股东的需求，但仍然需要充分考虑自身的运行是否能够维持，主要考虑企业在拥有债务时的持续偿还能力，进而保持企业在市场经济环境中的良好形象和信誉。需要注意的是，考虑企业偿还能力时，需要考虑企业的自持资产情况，主要参考指标是企业的资产变现能力，也就是现金支付能力，才能灵活安全地应对债务和自身运作的需求。尤其对于高位发展阶段的企业而言，可能拥有大量的固定资产，但灵活资金的体量并不充裕，那么该企业的变现能力是相对弱的，在进行股利分配的过程中要更为谨慎。

（五）投资者因素

企业的投资者构成并不是单一的，多样化的投资群体导致在股利分配的过程中需要进行更为全面的考量。具体来说，少量投资者属于公司的永久性股东群体，这部分人对公司的忠诚度最高，希望公司能够不断发展壮大，并且具有长期稳定发展的能力，因此对于短期内的股利分配重视程度并不高。还有部分股东注重稳定的高额股利分配，希望能够拥有定期的股利收入。另外，还有众多投机群体希望通过短期获得较高的利益收入。因此，对于企业而言，三种投资群体都是必不可少的，在股利分配的过程中也需要充分考虑三种群体的特征和需求。

四、股利分配对企业发展的影响思考

（一）请求权对财务管理的负面影响

为了能够切实维护多方投资群体的利益，在企业进行股利分配的过程中，往往股利分配决策掌握在高层管理人员及大股东手里，大股东为了自身的利益很可能在股利分配的过程中出现倾斜、不公平的现象，进而导致中小股东的权益无法得到兑现。在具体的操作环节中，中小股东为了维护自身的利益，可以将企业进行法律起诉，实现自身的请求权力。但需要注意的是，此种操作不可避免地对企业造成一定的负面影响，尤其是关于企业在市场环境中的信誉造成不可挽回的负面影响。因此，为了能够切实维护企业的形象和长期稳定发展，在股利分配过程中需要切实考虑中小股东的权益，避免出现不公平的股利分配。

（二）对企业成长的影响

在现代市场经济环境中，企业的长久发展离不开融资市场的支持，而融资市场需求以公司本身的实力、信誉情况作为基础，若企业在经营过程中恶性地不进行股利分配，则可能给资本市场传递出不良的信号，造成对公司能力、经营信心的下降，甚至对企业的信誉产生怀疑，不利于企业后期的融资动作完成。因此，从企业长久发展的角度进行考虑，需要切实根据自身的经营情况进行股利分配，及时公开信息，在资本市场中注重自身形象的维护，避免由于短期利益的行为造成长期形象的损坏，尤其是在现代社会中，信息传递成本较低，信息传递速度更快，企业的形象维护也需要投入更大的精力。

（三）对财务现金情况的影响

企业股利分配政策的制定，需要切实考虑企业自身的资金情况和未来运作的资金需求，充分考虑不同投资人的获利诉求。企业的长久发展，不仅关系投资群体的利益保证，更关系企业员工及相关业务领域的正常运作。正确科学评估企业的股利分配能力，避免由于核算的失误、决策的失误甚至是恶意的决策，导致损坏他人的利益，甚至由于出现不合规行为而走入社会基本道德的背面。因此，企业股利分配不仅关系对投资人的负债和回馈，还需要从企业作为一个经济主体的运行角度来衡量，避免由于不科学的分配影响财务现金的情况，进而影响企业的健康运作。

在现代市场环境中，股利分配已经成为众多上市公司面临的重要问题，股利分配的合理性将直接关系企业未来的长久发展，在具体操作过程中，需要切实考虑限制条件、经济环境、市场环境、经济能力以及投资者偏好等，从企业的长久发展出发，真正做好对企业的利好决策，提高企业在市场环境中的形象和信誉度，促进企业良好健康的发展趋势。通过本节的阐述，希望能够为更多的工作者提供思考的方向，进而促进该领域研究的更加深入。

第七章　企业财务会计智能化

第一节　财务会计的人工智能化转型

伴随大数据时代的到来，以云计算为代表的现代信息技术被广泛应用于各个行业，一场以“新时代”为标签的数字革命正逐步改变着人们的生活。不同领域内人工智能的应用率持续提高，人工智能结合企业财务也成为国内企业开展财务工作的主流形式。就宏观而言，会计核算在国内的整个发展进程可归纳为手工会计—会计电算化—智能会计，会计实践的技术性逐步增强，智能技术逐步取代会计人员，成为影响会计发展的决定性因素。在这一过程中会计数据的收集、处理与分析能力不断增强，同时精准性也登上了更高的台阶。然而就会计领域内人工智能技术的具体应用情况而言，其应用水平依然相对较低，尚有诸多难题亟待攻克。

一、我国人工智能在会计上的应用现状

（一）人工智能使会计复杂任务自动化

人工智能发展初期是以复杂任务自动化为主要任务，也是信息化高级阶段的主要标志。伴随人工智能技术的发展与应用，一系列复杂性极强的会计任务实现了自动化发展，如以物联网为基础的企业管理决策、审计师选派、会计准则的具体执行等。目前会计领域内人工智能的应用，主要表现为核验与查重会计凭证、传统原始凭证人工网站查询方法的整合与优化，将原始凭证核验变人工化为自动化。各层次会计工作与人工智能的有机结合所发生的变化，主要表现为会计基础数据的收集与处理，由人工操作演变为机器自动实现，同时部分常规化的决策也交由机器完成，而财务业工作者同样需要具备相应的会计理论与意识。

（二）人工智能帮助财务开展大数据分析

人工智能系统可以从企业自身发展的财务情况入手，与当前行业背景及政治经济全球化环境相结合，对相关数据加以归集，并据此构建相应的数据模型，同时结合各方面

变化对数据模型进行实时修订，以期将最原始、最客观的数据资料提供给经营者。从时空差异入手对企业进行系统分析，并将相应分析结果提供给企业管理者，尽力拓展企业的发展空间，以使当前制约企业发展的短板得到有效补充。如产品成本，从工艺流程入手对人工成本及直接费用加以核算；基于产品结构对直接材料加以核算；合理归集分配各层次成本中心的费用以完成间接费用的核算。

（三）人工智能实施财务风险控制

所谓财务风险智能防控，是依托人工智能实现人类直觉推理与试凑法的形式化发展，以强化财务风险防范能力。面对未知或不确定性因素时，现代财务风险防控系统或许会采用部分充分性不足或完整性不强的数据，财务风险智能控制从技术层面为该问题的处理奠定基础。现阶段财务风险智能控制的主要流程集中表现为：① 通过神经网络法与模糊数学相结合的方式，实现财务风险控制的动态环境建模，并以传感器融合技术为依托实现数据的预处理与综合；② 以专家系统的反馈结果为参照，就控制模式及参数或控制环节加以优化调整。

二、人工智能时代财务会计转型面临的挑战

（一）思维挑战

唯有不断强化创新意识与变革理念，以此推动企业传统财务模式的变革，才能以管理会计逐步取代财务会计。这就决定了一味强调从专业素养与业务能力方面对企业会计从业者进行强化培养是远远不够的，持续强化其转型意识更为关键。然而就当前客观情况而言，真正认识到思想意识变革与企业财务会计转型之间密切关系的企业寥寥无几，仅以工作内容与业务模式为主要转型对象，人为限制了管理会计的发展，致使财务部门与管理部门之间职责不清、分工不明，无法发挥最大化协同效应，进而对转型效果造成一定的负面影响。

（二）技术挑战

无论对企业还是对会计工作者而言，人工智能技术都是从未接触过的全新领域，因此人工智能技术的具体应用成为企业乃至每一位会计从业者的必修课。在人工智能加大数据模式高速发展的宏观形势下，企业信息数据库随之实现规模化发展，这就决定从数据库海量信息中甄别有价值信息的难度随之升高。企业在规模化数据库中挑选与自身发展相匹配的数据信息，信息处理的时效性相对较低。操之过急俨然已成为国内企业财务会计转型的通病，前期准备工作并不充分，进而使得会计从业者关于大数据技术的理论与知识储备过于薄弱。

（三）管理挑战

人工智能技术在会计领域内的应用，导致传统财务会计面临前所未有的挑战，企业需真正意识到企业财务发展中管理会计的核心地位与重要作用。通过调查发现，当前国内企业并未意识到管理制度转型在财务会计转型中的重要意义，大部分企业并未契合自身实际建立健全管理制度体系，进而导致转型受阻，这既会对企业的可持续发展造成一定阻碍，又与时代发展形势背道而驰。忽视管理制度的转型，会严重制约会计从业者的职能转型，进而导致不同部门间分工不清、职责推诿，最终导致协同效应的发挥受阻。

三、人工智能时代财务会计优化转型措施

（一）财务管理观念转变

在大数据时代下，企业唯有不断推动自身财务会计向管理会计的发展，不断提升对管理会计的重视，才能为自身与时代发展产业的有机融合创造条件，进而实现时代化的发展。但财务会计的转型无法一蹴而就，需各方面协调配合，其中最关键的当属企业财务工作者管理理念的变革。伴随人工智能技术的应用，原本由人工执行的财务会计基础工作均由人工智能技术完成，这就决定财务工作者的任务将随之发生改变，其不再局限于简单的数据抓取与分析，转而演变为人工智能所无法取代的工作内容，因此工作难度随之加大，这对管理工作者的理论知识与实践能力提出了更高要求。所以一味强调企业而忽视财务工作者的会计转型是行不通的，会计工作者同样应强化自身对转型的认识。以管理会计取代财务会计，会导致会计从业者的工作负担加重，会计从业者需不断提升自身的数字化技术应用水平，这就决定企业必须将会计从业者思想转变作为重点内容，纳入转型前期筹备工作，帮助会计人员从根本上意识到自身职能的改变，以期为企业会计的转型提供长效驱力。

（二）财务管理内容转型

（1）由会计核算到决策的转变：财务工作者在大数据信息处理与人工智能技术的共同促进下，推动自身数据抓取与分析能力的持续增强，精准定位有价值信息并实时处理，以期从数据层面为管理层分析决策奠定有力基础。建立健全财务会计转型标准，并就管理岗位与财务岗位的职责加以明确，充分发挥两部门的协同效应，推动财务部门变形。

（2）人工智能技术与企业财务会计的有机结合，应切实提升企业的资源整合能力，同时带动企业数据抓取与分析能力的增强。作为企业信息处理体系的重要组成环节，人工智能的引进切实补足了企业智能数据分析体系的短板，将系统模式的建设提升到更高水平。

（3）建立健全部分管理与绩效评估体系，财务会计转型以财务工作者职能转变为

核心，将多元多样的绩效评价指标与评价方法纳入绩效评价体系，充分激发财务工作者的工作积极性。企业应从自身的发展实际入手，为自身量身打造多维评价体系，并引进综合管理会计中平衡计分卡的有关指标，实时跟踪并客观评价财务人员的转型情况，并与奖惩体系相挂钩。

（三）财务数据系统建设

在大数据时代下，数据分析与处理能力对于企业而言，有着不容取代的重要意义。企业需持续强化自身的数据整合与分析能力，从数据层面为企业的资金管理及财务决策提供依据，才能为财务会计向管理会计的转型创造条件。

（1）企业应综合多方考量，搭建相应的数据收集管理框架，明确数据管理范畴及内容，从思想上意识到数据管理的核心意义。

（2）尽快建立健全企业数据库，且以企业发展规模为调整企业数据库规模的决定性因素，企业应从资金层面为数据库建设提供保证，财务部门需将客观而真实的分析数据提供给数据库，通过数据库的大数据分析比对，将分析结果反馈给企业管理者，以期为管理层的企业决策提供强有力的数据支持，在企业内打造信息共享、循环利用的局面。

（3）重视企业财务管理者数据分析能力的整体提升，定期组织培训活动对企业管理者进行强化教育，帮助他们掌握最系统、最前沿的数据分析与处理方式，使其以财务数据的抓取与分析结果为依托，更好地诊断企业运作过程中所存在的问题并科学处理，以推动企业健康发展。

（四）财务风险防范

伴随人工智能技术的高速发展，加之发展势头迅猛的大数据技术的共同作用，管理会计在企业会计中逐步占据更高的地位，尽管财务会计及管理会计均是以为企业管理决策提供客观真实且有效的数据支撑为主要目标，然而从关注重点来看，二者的差异极其显著，管理会计以会计监督作用的最大化发展为关注重点，及时掌握企业内部管理与成本控制情况，为管理会计的监控提供数据支持，绩效考核与财务评价齐头并进，能最大化发挥财务业绩考核与管理业绩考核的协同作用。采用两标准相结合的方式，精准评价各部门的工作情况，可使会计工作的过程管控作用得到最大化体现。在数据库中，人工智能系统以计算机技术为依托有力保证数据的准确性，并根据相应数据制作财务报表，健全财务监管体系，以期将企业的财务风险管理能力提升到更高层次。

伴随大数据时代的到来，人工智能技术与企业财务会计的有机结合已成必然之势，然而这并不表明财务工作者及财务会计工作将退出历史舞台。企业财务工作者应从理论、实践等层面持续强化自身的实力，不断提升自身的综合素养、强化时代性，以顺应人工智能的时代发展形势，以期在企业发展中久居不败之地。企业应从自身的实际出发，科学引进与自身的财务发展相契合的人工智能产品，进而为企业财务发展提供保障。

第二节　人工智能化对财务会计工作的影响

人工智能是一门新兴科学，正在悄悄崛起，它研究和开发理论、模拟、技术、方法和应用系统，用以扩展人类智能。计算机技术领域的一个重要分支就是人工智能，人类智力所做出的反应与它的反应类似。它的研究范围包括专家系统、自然语言处理、图像识别、语音识别和机器人。它在理论和技术上都变得规范化且越来越成熟，其应用领域越来越广泛，已逐渐扩展到会计行业。人工智能不仅能够模拟人类意识，还能够模拟人类思想。人工智能并不简单是人类的智能，神奇的是，它不仅能够像人类一样去思索各种问题，还会比人类聪明万分。

人工智能是一门让人类想去挑战的科学。它可以分为如下两个部分：第一部分是“人”；第二部分是“智能”。“易懂和无争议”是人工制度的常识。关于智力是什么，还有更多的问题，包括意识、自我和心灵。人类所研究的智能只不过是自己的智能，但人们对自己智能的理解是如此有限，很难定义什么是“人工智能”。

自 20 世纪 70 年代人工智能问世以来，它就始终被认为是世界上遥遥领先的三大技术之一，同时也是 21 世纪以来最尖端的三大技术之一。

一、会计人工智能的发展及应用现状

随着科学技术无比迅猛的发展，尤其是当下信息时代，它与人工智能的联系越来越紧密。由于人工智能技术的不断成熟和蓬勃发展，其研究范围和应用范围将会越来越广泛，包括会计在内。

如果在经济中使用人工智能的经济得不到科学技术的支持，科学技术就无法发展。虽然经济创造了一定程度的科学技术，但原始人工智能并没有在经济上得到应用和发展。

目前，人工智能已经在教育行业得到广泛的应用。国家发展的关键问题涵盖了交流沟通和教育。促进教育发展和国与国之间的有效的智能交流是教育的必要因素之一。智能教育的可持续发展无疑能够促进国家、学生、教师和家长之间的密切交流。

人工智能的蓬勃发展能够分为如下四个阶段：第一个阶段就是计算机智能（1956—1980 年）。人工智能已经在语言处理上和解决问题上取得了很大的进展，可是由于机器翻译的最终失败和消解法推理能力遇到了困难，政府和投资人开始对人工智能的发展失去信心，人们开始对人工智能的发展产生怀疑，因此投资人减少资金的投入，资金开始急剧减少，人工智能的发展经历了第一个寒冬。第二个阶段是认知语言能力（1980—1993 年）。人工智能研究体系诞生于 20 世纪 80 年代，它的商业价值逐渐被大众认可。

第三个阶段是人工智能（1993—2016年）。认知智能：随着现代科学技术的飞速发展、硬件成本的不断降低、数据的不断收集和技术的不断成熟，人工智能已经开始了一个爆炸性的时期。很多人工智能产品如雨后春笋般蓬勃发展。第四个阶段（2016年至今）。IBM率先推动了创新的第一波浪潮，尤其在商业化乃至全球人工智能核心业务方面，特别是在李世石反击新闻报道后，阿尔法价格逐渐走高，很多人开始探索人工智能领域，越来越多的公司开始进入人工智能行业，自然语言技术、深海算法、人们耳熟能详的词汇，如神经网络和人工智能等产品和服务正逐渐渗透到人们的生活中。

二、人工智能对企业财务会计工作的影响

（一）人工智能的积极作用

在人工智能的科技时代，人们将利用会计智能软件完成许多麻烦的工作，大大地提高了生产效率，大幅度地减少了工作上的失误，极大地提高了企业核心竞争力，这将有助于促进会计行业的转型。一些小企业在传统会计岗位上，不相容的岗位并没有真正分开，财务人员管理资金和账目，财务会计账目混乱，为财务造假和不法分子谋取私利创造了虚假机会。在人工智能环境下，大部分会计工作都是由计算机完成的，会计人员只需对其进行审核。循环结束时，系统将自动平衡测试。人工智能在一定程度上大大降低了财务作假的可能性。

在传统会计岗位上，报表的形成、账簿的登记及凭证的生成严重依赖会计人员的认真负责的校对。这会很容易出错，导致会计信息丢失或错误。如果企业利用会计软件进行会计核算校准，无疑会大大减少工作上的差错，会大幅度提高会计信息质量。

（二）人工智能的潜在危险和对会计行业的冲击

人工智能的安全性还不足，这可能会导致人工智能中核心数据被盗，甚至会致使企业重大机密或私密数据的完全泄露，结果是难以想象的。人工智能也有不可控性，例如程序突然出现错误，或者程序可能莫名其妙失败，这无疑增大了数据丢失的可能性。另外，不可控性还取决于科学技术的快速发展。在未来，可能会出现自主的、强大的人工智能，能够自主学习、重新编程和处理代码，并可能承担一定的风险。从社会角度来看，存在过度依赖人工智能的风险，这可能会破坏财务会计领域的学术研究和基础理论探索。中国的人工智能相比其他国家较为开放。时至今日，法律更新的范围远远达不到会计人工智能的发展速度。在人工智能得到便利的同时，也毫无疑问地会产生一些不可避免的法律风险。

人工智能金融机器人将财务会计与人工智能相结合，它可以在极短时间内既准确又快速地完成基础工作，哪怕是传统工作中耗费大量人力、物力的工作。因此，许多基本

的会计工作将被取消，如基础会计、费用往来会计和核算会计。会计市场已经趋于饱和状态，市场需求远远小于会计供给，资格证书不再越老越受人们欢迎。

三、企业财务会计工作应对人工智能的措施

（一）高校会计教育实用性变革

随着人工智能在生产和日常生活中越来越普遍，这无疑将是会计领域千载难逢的机遇。毫无疑问，这将会是一个巨大的难题。对会计人员来说，高校会计实务改革就必须首先转变人才培育目标。过去会计往往提供信息，所以学校的教学大多集中在“会计”培训上。在当今时代发展模式的重要基础上，管理职能地位得以显著提高，尤其在会计职能中的战略地位，由以往的显示价值到现在的创造价值，这无疑是会计工作的主要职能的重大变化。因此，高校更应该审时度势，去顺应时代的呼声和需要。他们不仅要掌握学生的专业知识，还要加强管理和数据分析能力。其次，增加管理会计培训相关内容。增设对应实用课程，这样方能使得人才培养质量得以提升。高校还应充分利用资源，增设成本控制、绩效考核等一系列管理会计专项课程，努力向管理会计方向、向社会培养人才，充分利用每一个学生创造价值的无限潜力。最后，让人工智能进入大学课堂，不断去增加一些实践课程。在当前时代浪潮下，每一个行业的新发展都需要紧密依靠新技术、新技能和新知识。把人工智能带到大学课堂，让学生得到实际体验无比重要。会计的智力操纵主要是开拓学生的创造性思维，让他们学会用智能解决相关问题。

（二）会计从业人员需求特质的转变

在人工智能的浪潮中，作为金融工作者，我们不仅应该看到财务职能带来的效率和便利，还应该认识到人工智能给会计行业带来的机遇和挑战。挑战是大量基础工作的转移以及大量基础工人面临的失业危机。机会是抓住这一变化，努力提高自己的价值，加速自己的升级和转型，顺应时代潮流，了解管理会计的重要性，学习管理知识，并成为企业价值的创造者、社会不可或缺的人才。它就像一把双刃剑，是各有千秋，各有优缺点。特别是在会计行业中，尽管会计和企业会计取代了大量职位，但是在基于现有数据和整体环境进行预测和决策的工作中，人们仍然需要做出合理的判断。因此，我们必须牢牢抓住千载难逢的机遇，正确科学地规划我们的职业生涯，积极转变管理和复合型人才。

（三）对传统思维观念进行转变或创新

在当今时代，会计是一个令人望而生畏的行业，它的替代能力很强。随着科学技术的飞速发展，人工智能在各行各业中表现出愈发流行的趋势，一些会计人员特别容易被人工智能所顶替。因此大多数低端会计人才都应该将眼光放在未来，所以提升自身能力是基础，要努力在会计行业中占据一席之地。作为一名优秀的会计人员，如果仅拥有少

量的会计知识且不去更新是肯定不够的。我们需要全面提高自身的综合能力，积极学习审计、税法、战略等方面的精妙知识，提高自身的数据分析能力，变为综合型高端会计人才，实现手工工作与会计软件工作的结合，最大限度地提高工作效率，提高应用专业知识的能力，成为不可或缺的人才。

（四）增强安全意识，确保财务信息安全

人工智能的兴起，与之相伴的信息安全问题也已来临，信息安全问题走入人们的视野，受到人们的广泛关注和极大重视，财务管理方面作为一个单位最核心的业务，安全问题更是不容小觑。在系统安全方面，财务机器人运行主要是根据训练模型，通过AI（人工智能）算法程序运行来对数据进行处理和分析。在此过程中，如果出现外部人员非法入侵其中任何一项对其进行改写，都将会对企业造成重大经济损失，做好数据采集、存储、传输、共享、使用、销毁等步骤的重要数据的安全性，避免数据被非法访问者抓取、破坏、修改、损毁等手段造成会计行业混乱，这也是目前互联网时代和人工智能时代一直需要直面的问题。人工智能应用于会计领域，虽然能带来效率的提升，但它所带来的风险也是不能忽视的。网络的安全建设工作是重中之重，现阶段我国遗留很多未能解决的网络安全隐患。这需要企业能够定期升级和改善自己的系统，而会计师则需要掌握吸收更多的网络知识，以便可以应对挑战，这样就会不断减少由网络所导致的系统漏洞甚至信息泄漏。

（五）改变思维模式，树立终身学习目标

人工智能的发展无疑会对会计人员提出更加严格乃至严苛的要求。对于会计从业人员来说，以往的工作学习内容已经远远不能满足胜任当前会计工作的要求，尤其在人工智能技术的广泛应用中，极难满足各种要求。因此，对于那些未曾被时代淘汰的相关人士，必须树立起一个重要理念，那就是终身学习。在会计工作中，应该看出人工智能技术的发展带来的生存危机。不断学习实践，更加严格鞭策自己，提高自身的综合素质，更新自己的知识，以更融洽地适应人工智能技术，跟上它蓬勃发展的脚步。在日常工作中，会计从业人员只要加强对人工智能的深入研究和新业务在会计领域中的应用研究，充分理解并掌握会计行业的新兴模式，懂得管理基础理论和电子信息的相关技术，就一定会提高基于会计的强有力的竞争力。

人工智能的迅猛发展无疑是科学技术突飞猛进的体现，它是当今时代进步的必然，人工智能的不断创新将会为会计领域带来深远的影响，涵盖了再造会计核算流程，这将会大幅度减少会计信息的失误和失真，大大提升会计的工作效率，有助于推动会计职业架构的成功转型。人工智能必然会为会计行业带来好处，但是我们更要提防人工智能所呈现的新风险和新挑战。如果要人工智能技术服务于会计领域，对于公司层面，一定要树立正确的价值走向，这样方可推进人工智能在会计领域发挥重要作用。不得不说，人

工智能的迅猛发展带来的是机遇，但是也有激烈的挑战，因此人工智能对会计领域产生的深远影响，还有它在会计工作中所产生的作用，我们一定要一分为二地看待。对于人工智能技术日复一日的迅速进步，我们会计工作人员应当积极看待，严于律己，不断地去提升自己的素质，积极去融入新环境，坚持终身学习的理念，去汲取新的科学知识技能，这样方能游刃有余地去应对工作中的各种棘手问题。

经济的迅速发展和社会的进步深受人工智能发展的影响，财务人员应依据当今形势迎接严峻的挑战，酌情审视，及时了解、关注人工智能对财会带来的深远影响和挑战，应深入研究如何有效地熟练操控人工智能，成为人工智能的使用者，而不是被它所代替，使自己成为高端复合型人才、企业战略的决策者和制定者。管理会计是对财务会计工作的一种伟大超越，管理会计更倾向于对经济活动的控制和规划，帮助管理者做出正确决策，是会计行业将来的必然常态。在人工智能的迅猛发展下，管理会计必然会和人工智能协调发展，尤其是在企业的未来规划、控制及决策等方面的作用将日益凸显出来。

第三节 财务智能化趋势下会计人才的培养

以财务共享中心为代表的各类财务智能模式已经在我国企业中得到广泛运用。据中兴新云SSC数据库显示，截至2021年年初，我国境内的共享服务中心已经超过了1000家，其中华为、中兴、中建等企业均实现了财务智能化。我国政府也一直在持续关注并不断推动会计智能化的大力发展，2021年12月财政部印发的《会计信息化发展规划（2021—2025年）》指出，要深入推动单位业财融合和会计职能拓展，加快推进单位会计工作数字化转型，完善会计人员信息化能力框架，创新会计信息化人才培养方式，打造懂会计、懂业务、懂信息技术的复合型会计信息化人才队伍。然而，会计人才的培养却严重滞后于财务智能化的发展速度，不少院校因专业师资和基础设施配置不完善等原因，仍沿用原有培养方案，致使多数会计学专业学生毕业后难以适应社会需求，导致人力资本市场呈现会计人才供需错配局面，在一定程度上阻碍了社会经济的数智化转型。

针对以上情况，学者们已经有了一定的研究。程瑶聚焦财务智能中的新兴技术“互联网+”，探索“互联网+”环境中会计本科教育的顶层设计，她认为高校应当从建设网络基础设施、优化教育管理系统设计、改善会计学专业课程与教学三个层面出发完善会计本科教育的顶层设计。唐大鹏、王伯伦等侧重描写了数智时代会计教育的供给侧改革途径，提出了深入推进校企合作创新、加强师资队伍建设创新、推进学科交叉融合创新、重构会计课程体系创新、探索会计教学方式创新、加强智能教育平台创新等举措。而舒伟、曹健等则是基于“新时代高教四十条”，对处于数字经济时代中本科会计教育改革提出了实施路径。

国内学者较多地从会计教育供给侧讨论了财务智能化环境下我国会计教育改革，提出了丰富与深刻的见解。较少有学者深入地从会计人才培养需求侧出发，探讨财务智能化背景下我国会计人才的角色定位，分析财务智能化环境下我国会计人才能力适配，进而探索我国会计人才培养的改革。因此本节将从财务智能化趋势入手，针对会计人员在工作中四种角色的内在需求，提出与之相适应的会计人员应具备的能力，进而提出会计人才能力重构的路径，以培养复合型多元化高端会计人才。

一、财务智能化趋势下我国会计人才的角色转型

当前市场经济活动中，会计人员扮演着举足轻重的角色，其职责包括客观公允地计量、记录、反映企业资金运动，为利益相关者做出决策提供有价值的信息。国内外相关研究报告，如IMA、ACCA的研究表明，未来财会行业的黄金发展机遇已经凸显，这些黄金机会代表着新兴的职业机遇。同时，随着企业创新变革、新商业模式的不断演进以及技术的飞速进步，财会行业的职业道路随之也变得更加多样化，会计人员既可以据此进一步拓宽传统财会职业道路，也可以尝试跨领域开辟新职业道路，进而重新定义其职业生涯。因此，本节依据以上报告中关于未来会计人员在财务中扮演的角色描述，结合当前高校会计人才培养目标，将会计人员未来的角色定义为职业道德践行者、数智技术实践者、业财融合引领者、企业转型推动者。

（一）职业道德践行者

早期的獐子岛事件、康美药业以及近期的瑞幸咖啡财务舞弊案，都给国内资本市场带来沉重打击。财务舞弊案件的频发，暴露出我国企业诚信的失防、会计人员职业道德的缺失。尤其是在财务智能化趋势下，数据泄密更加容易，财务舞弊的手段也越发隐晦。

会计人员的职业特殊性使得其能够直接接触企业资金并进行财务处理，进而把控企业经济命脉。面对财务智能环境的全新挑战，会计人员更应坚持企业会计职业合规准则。例如，会计人员在处理数据时必须时刻坚守职业道德底线，充分考虑不同数据的获取来源、处理流程、报送机制等是否处于合规监管之下，是否存在违规处理数据的情况，针对数据处理各环节是否存在外借指令文件等。作为职业道德践行者，会计人员在未来学习中，还应深入分析资本市场中违背合规性的案例，挖掘深层次潜在的舞弊机制，并结合企业实际情况，防患于未然，进而对外界不断变化的环境时刻保持清晰的认识与敏锐的洞察力。

（二）数智技术实践者

伴随财务智能化趋势的进一步扩大，会计人员会面对越来越多的半结构化数据与非结构化数据。因此，在业务层面上，会计人员扮演着数智技术实践者的角色，利用新兴

技术和分析工具从海量数据中发现问题，助力企业完善业务流程并健全财务管理机制。同时，作为数智技术实践者，会计人员应积极支持企业不断积累各类数据集，将财务团队转变为企业的数据分析巨头，挖掘对企业有价值的信息，对不同的业务动态和场景进行财务建模，做出具有前瞻性的有效分析，以探索新的商业模式、新的入市渠道，进行新投资的商业论证，进而助力企业短期创造竞争优势和长期持久发展。

（三）业财融合引领者

在财务智能化趋势下，传统的会计核算逐渐向业务渗透。在传统会计核算中，会计人员处理公司业务多为事后核算，意味着相关业务完成后再由财务人员核算出财务数据，如收入、成本、利润等基本信息，最后将此类财务信息报送给利益相关者。而智能时代会计人员应担当业财融合引领者，不再拘泥于事后获取业务数据，不再局限于会计准则的要求，而是应将眼界扩展至产业链的上下游，放眼于竞争对手信息、行业发展趋势、市场政策导向等。会计人员还应通过智能软件操作第一时间追踪企业业务办理流程，实时监测企业上下游产业链的数据信息，主动融入业务经营中，做到全流程、全场景、全周期地把握业务，进而保证会计人员能够“用业务故事讲解财务报告”。

（四）企业转型推动者

企业转型推动者作为组织变革的架构设计师，需要推动企业未来发展战略制定、重大的改革方案、财务运营转型等。由于财务智能化带来的颠覆性变化，新运营模式、新产品与服务、新平台经济等越发能影响企业的发展与转型。基于此，会计人员应切实转变为企业值得信赖的“顾问”，对数字经济的敏锐力促使其能够全面了解企业外部的政策、经济、社会环境，并结合企业实际情况提供更为广泛的管理服务，为企业转型改革提供可行的建议与对策。

二、财务智能化趋势下我国会计人才的能力适配

当前，高校向社会输送的多数会计人才能力水平并不能达到数智时代企业的实际所需，由此出现了供需不匹配的情况。部分高校在会计人才培养中过分注重学生基础知识能力培养，而较少从企业实际需求出发去探索会计人才培养模式，进而导致目前的会计人才无法满足财务智能化趋势下会计职业的要求。基于当下会计人才职业能力短板，本节将从复合专业实操能力的培养、数智技术应用能力的塑造、综合素质拓展能力的提升三个角度剖析财务智能化趋势下，会计人员为满足未来角色定义应当具备的能力。

（一）复合专业实操能力的培养

（1）多学科交叉运用能力。新兴的人工智能技术大体上已经可以替代会计人员从事的机械性、烦琐性账务操作，会计凭证、财务报表的一键录入与自动生产也已成为现

实。这促使着会计人员进一步向高端会计人才发展，而高端会计人员应储备多类学科理论知识，如法学、经济学、管理学、计算机、外语等。多学科交叉背景知识有助于会计人员提升自身在企业中的价值，摆脱传统单一角色，多角度为企业做出战略性决策，促进企业财务战略变革。例如企业遇到在不同法律环境下的交易，多学科背景知识能够保证企业在交易过程中，合理避开由于政策法规制度不同而带来的不必要损失，保证企业跨国交易的可行性与合规性。

同时，会计人员也应注意到会计与财务专业技能是会计人员基础核心能力，是实务操作中应具有的基本能力。面对财务智能化趋势，扎实的财务会计实务水平是指导一切工作的前提。一切新兴技术能力的运用最终将会落脚于会计学专业知识，没有专业知识储备作为账务处理基础，再先进的技术也同样难以发挥其作用。因此，会计人员应当重视对专业知识的查漏补缺，深入学习财政部等政府部门出台的最新政策及其解释，掌握会计实务操作中的业务处理方法。

（2）职业判断能力。当前处于信息大爆炸时代，智能化技术的运用需要会计人员具有更强的职业判断能力。例如，区块链技术在财务领域中的应用打破了过去的会计记账模式，从一个主体集中式记账模式到多个主体分布式记账模式，参与记账的各方通过同步协调机制保证了多个主体之间数据的一致性，规避了复杂的多方对账过程。但在这一过程中，由于不同方的入账均会显示在自己账簿上，因此，该过程就需要会计人员具有准确的职业判断能力，即判断该笔业务是否符合本企业会计处理规范。面对财务智能化趋势下的企业风险管理，会计人员要对数据应用建立批判性思维，不能一味地依赖财务智能化机器人的使用，而是应当以会计学专业思维为基础，从专业角度进行深度思考，对可能存在的风险点进行把控，合理运用职业判断，从而有效规避企业风险。

（二）数智技术应用能力的塑造

上海国家会计学院会计信息调查中心颁布的《2021 年影响中国会计人员的十大信息技术评选报告》明确表明了当前信息技术对财会行业的冲击，财务云、电子发票、会计大数据技术与处理技术等已深深影响会计工作，并对会计人员提出了新的要求。财务智能化时代，除了基本的知识技能与软实力，数智技术应用能力也已经成为会计人员作为数智技术实践者的必备能力，其并非简单地运用 Excel 等基础软件操作数据，而是指需要更多地运用 Stata、SPSS、EViews 等前沿数据处理软件进行数据挖掘、筛选、宏观和微观分析及处理的能力。尤其是在数据清洗过程中，会计人员应通过熟练操作新兴数据分析工具，摆脱传统头脑风暴抉择模式，更多地通过数据助力企业进行决策与管理风险，通过数智技术应用结合具体业务场景与商业模式，提高财务部门核心效率，更精确地预测未来的发展走向，进而为企业发展提供更具专业性的建议。

（三）综合素质拓展能力的提升

（1）基本职业道德。良好的基本职业道德是从事会计工作的基础，也为会计人员的发展与成长指引方向。在财务智能化趋势下，会计人员更应将工作置于职业道德范围内，保证企业经济活动合法高效运行。ACCA 报告《AI 可持续发展中的职业道德：联通 AI 与 ESG》提到，会计人员在运用人工智能技术时应当遵守其应用的监管要求，判断是否符合本企业智能技术道德规范。从整体上来说，在瞬息万变、竞争激烈的市场中，会计人员应确保数据处理、风险管理符合商业伦理的规范，保持客观性与保密性。具体到企业账务处理各个环节中，每一位会计人员应以合规方式处理业务数据，公允地反映业务数据，保障利益相关者的基本权益。此外，职业道德作为会计行业底线，能够约束会计人员，提高其违法违规成本，以此降低个人腐败风险的发生，进而为会计人员的长期发展提供保障。

（2）沟通协调能力。在财务智能化时代，会计人员的沟通能力贯穿整个会计流程，包括企业内外各方面间的沟通协调。在企业内部，一方面，会计人员需要与其他职能部门保持沟通。一个企业的财务中心不仅有“财务”部门，更多的是需要与企业经营直接相关的部门互相配合，例如采购部门、生产部门、销售部门等，财务中心的数据也同样来源于这些职能部门的经济活动。在智能财务环境下，会计人员利用良好的沟通能力能够与其他部门迅速建立信息对称机制，保证数据处理流程的一致性与连贯性。另一方面，会计人员还会与管理层进行沟通，这个层面上的信息传递更需要保障高效率与高质量。因此，现代会计人员拥有良好的沟通协调能力是必不可少的。

在会计人员与企业外部的沟通中，更多的是需要与外部监管者沟通，例如税务局与会计师事务所。在财务智能化背景下，企业已能进一步实现网上报税，体验一站式税务服务。在面对税务局的税务稽查时，良好的沟通能力能够使会计人员清晰明了地阐述企业现行的电子纳税机制、税务申报流程、减税适用政策等。此外，在与会计师事务所沟通时，拥有良好沟通能力的会计人员能够简明扼要地对公司产品服务特色、业务模式、业务流程、内部管理（结算体系）、采购管理等做出必要介绍，以方便审计单位对企业内部环境有更进一步的了解，有利于审计工作的全面开展。

（3）创新领导力。随着智能财务的进一步发展，会计人员的创新领导力应不再局限于具体业务，而是应立足于财务部门，布局整个企业，放眼于与企业目标相一致的清晰数据视角。企业数智化转型过程中的财务转型并非孤立展开，会计人员需要根据外界环境变化对财务战略做出相应调整，并与其他职能部门统筹规划，以稳健高效的流程来评估企业绩效，调动财务部门与相关业务部门合作的积极性，进而推动整个企业的数智化转型。

三、财务智能化趋势下我国会计人才培养改革的对策

在智能财务不断取代传统会计的新趋势下，传统的会计人才培养体系在契合高速发展的财务智能化进程中，难以满足诸如上文所提到的复合专业实操能力、数智技术应用能力以及综合素质拓展能力要求。目前，我国会计人才培养从整个市场范围来看，包括中职、大专、高校本科、高校硕士研究生、社会培训以及会计人员在职后续教育等不同的培养对象及层次，其中中职与大专会计学生培养和高端财务智能发展联系不够紧密，培养目标更侧重于前沿理论研究的会计学术型硕士和会计学博士培养与企业运营实操需求差异较大。因此，本节拟重点研究会计人才高校教育中的会计本科与会计专硕教育、会计人员在职后续教育层面在财务智能化趋势下会计人才培养改革的对策，其中会计本科与会计专硕教育在总体培养目标、培养途径、教育资源等方面具备较多的相似性。

（一）会计高校教育

本节研究的会计高校教育包括会计本科教育和会计专业硕士教育。高校是连接学习与工作的最后一道桥梁，会计人才想要达到财务智能化趋势下企业需求的各项能力要求，就要经历高校的理论学习与专业实践。唯有通过高校成体系的教育培养，才能满足社会对智能财务背景下新型会计人才的需求。高校必须从内部资源优化、教学质量保障、学生素质拓展及外部多方助力四个方面进行改革，以培养适应市场需求的财务智能化会计人才。

1. 内部资源优化

（1）培养模式多元。过去传统会计教育重在关注会计学单一学科发展，而在多元化复合型人才培养目标下，高校应积极探索社会实际所需的会计人才多元化培养模式发展道路。在财务智能化趋势下，高校的培养模式应当做出革新，在传统单一会计学的基础上，进一步引入 ACCA 方向、CPA 方向、CIMA 方向、智能会计方向、“E+”会计双专业等培养模式，根据不同培养模式差异化培养复合型高端会计人才。例如，ACCA 方向学生通过学习相关课程，能够较深入地掌握国际会计准则内容，进而在会计准则国际趋同的环境下，赢得跨国企业的青睐；智能会计方向则侧重于将数据处理技术融入相关会计课程中，努力培养具有高水平数据筛选、处理能力的人才，为企业财务智能化决策提供支持。

（2）物质资源完善。财务智能化趋势下会计人才的培养更需要相应的物质资源完善。所谓物质资源，具体包括智慧教室、财务共享实训室等。首先，过去仅仅利用投影仪的多媒体教学已经难以让学生直接获得贴合企业实践的知识内容。为达到提升会计人才实操能力的需求，高校应当引进人工智能会计场景教学、混合学习、信息化技能学习以及人机交互学习的实验室，加大在智能设施上的投入力度，确保智能教学设施可以达

到预期的教学要求。其次，在会计人才培养资本投入等方面，高校应与具有强大研发创新能力、技术资本雄厚的科研院所及企业进行深度合作，依托企业实际工作场所，聚焦财务智能新时代背景下的会计处理方法，以培养学生的会计职业判断能力及更进一步的创新领导力。

（3）师资团队强化。会计人才培养不仅需要学生自身付出努力，高校师资团队作为会计人才培养的具体实施者，其作用同样不容忽视。然而，目前我国会计教育的师资力量面临着中老年教师富有教学经验但缺乏前沿新兴数智技术知识，年轻教师富有前沿数智技术知识却缺乏教学经验的局面，导致师资力量难以满足目前会计人才培养的实际所需。因此，缺乏前沿数智技术知识的中老年教师需要了解新兴业务，及时转变观念。在具体措施上，高校可轮岗派遣教师前往企业财务共享中心、财务信息化部门加强学习，确保教师能够在一定程度上掌握新时代财务智能化会计技能，后续再由教师自主选择以何种方式创新教学模式。针对缺乏教学经验的年轻教师，学院可以采取一定期限内的“师徒制”模式，如教学经验丰富的教师通过传授自身经验，加强年轻教师对课堂教学的整体把握，从而提升他们的课堂教学质量。

（4）课程体系改建。我国高校会计人才培养的核心专业课程体系长期处于相对稳定的状态，多数课程名称、课程内容甚至于授课教师多年来基本未出现较大变化。课程传授内容难以紧跟社会经济环境变化，这种“不变”看似稳固了教学质量，但相较于时代需求的不断发展，实质上是“不进则退”，使课程设置经常成为学生以及企业 HR 所诟病的对象，在根本上无法满足财务智能化趋势下会计行业的实际需求。

当前高校会计人才培养不能再完全沿袭过去的课程体系具体理论课程的开设，要避免培养大量能力平均、同质化严重的核算型会计人才。根据 ACCA 方向、CPA 方向、CIMA 方向、智能会计方向、“E+”会计双专业等各类培养模式，应有目的性地设计特定课程，满足不同学生发展方向的需求。此外，通识理论课程应当受到更多关注。在过去的会计人才培养体系中，课程设置往往强调专业技能的重要性，而忽视会计职业道德的必要性。很多高校的职业道德课程开课数量少，甚至不开设会计职业道德理论课，这明显有悖于社会发展的需求。因此，现代会计人才培养应当进一步提升对会计职业道德教育的重视。高校还需要认识到新趋势下会计人才培养中对学生的思想教育始终不可放松，使学生树立正确的价值观是教学的关键内容之一。高校需要将“思政课堂”进一步推广，使得思想政治类理论课程始终与专业课程并行发展、相辅相成。

（5）课堂教学创新。在满足基本教学条件后，高校同样应当围绕实施的教学内容，辅以高效的教学方法，为学生呈现高质量的课堂教学。在教学方式上，“互联网 +”技术改变了教师的传统教学，高校教师应当脱离“填鸭式”教学，利用互联网实现教学资源整合，让学生成为课堂教学的主角。在授课过程中，教师可以通过文字材料、案例、视频等富媒体资源，采用分析讨论等更直观的教学方式，提升学生主动参与学习的积极性。通过自主参与的模式更高效地提升学生自身的综合素质能力，培养学生正确的价值观以及会计职业判断能力。同时，相互合作讨论乃至辩论可进一步强化学生的沟通协调能力。例如，高校教师在课堂中引入云课堂、优学院、慕课等新模式，提升学生数字化与网络化思维。在此基础上，线上教学不仅可以更好地剖析传统黑板教学难以深入研究的经典案例，而且能更为便捷地提供前沿智能财务知识。线上教学主要是对交互式教学方式的具体落实，提高学生对课上所学内容的综合运用能力、表达能力与交流沟通能力。同时，教师应利用互联网提升课堂教学的趣味性，例如结合当前财会领域热点议题，让学生通过小组形式利用数据化信息检索手段，搜集相关的案例或交叉学科信息，并最终通过学生讲解的形式达到教育的目的，在保障教学质量的同时，还能增强学生对会计相关领域的兴趣，让枯燥的会计理论学习不再拘泥于文字，使课堂教学因创新的教学方法而更生动活泼。

2．教学质量保障

（1）学生学习考评。在对学生的考核评价上，高校需制定覆盖日常教学过程中各个关键环节的质量标准和规范，具体包括线下和线上课堂规范、实习实践报告规范以及毕业论文（设计）规范等。在日常考核中，高校可以在现有普遍的“平时成绩＋考试成绩”模式上更加细分，从“线上＋线下”双层级对学生表现进行测评考核，并且通过各类统计软件以及计算机技术进一步合理规范管理日常教学中的各类考核环节；同时，可以根据专业培养的不同方向和课程中的不同侧重点设计多样化的评价指标，拓展构建多维度评价模式，并合理分配参考权重，使得学生成绩考评结果更加全面、综合以及合理。

（2）教师教学监督。高校应当建立相对应的教学督导委员会、组织机构以及相关各类岗位，确保能够形成流程完善、职责清晰的质量保障组织体系，定期对教师的教学方法、教学内容进行监督。尤其是在立德树人理念下，旨在回答培养什么样的人才、如何培养人才等，高校还应加强对教师专业道德素养考评。在会计教育中，高校应当将专业课程思政纳入考评体系，建立具有中国特色的会计教师考评机制，衡量教师是否在专业课堂上结合了中国特色社会主义基本思想，引导教师在课程中重视对学生价值观、世界观、人生观的培养。

3．学生素质拓展

（1）高四商的培养。在财务智能化趋势下培养高素质的会计人才，要着眼于学生高四商的素质拓展培养。高四商即为高智商、高情商、高数商、高德商。此处的高智商并不是指受先天条件所限的智力水平，而是指会计人才在面对繁杂的账务处理业务中的高水平职业判断能力。同样的，情商也不是广义上个人层面的人际交往能力，更多的是侧重于会计人才对于部门内外甚至企业内外的沟通协调能力。此外，高校还应当注重对会计学生高数商与高德商的培养。高数商即为对数智技术的灵活运用，在财务智能化趋势下，会计专业学生走上工作岗位后会面临多种类型的数据，面对各类财务数据与非财务数据间的钩稽关系，高数商能够帮助其迅速透过数据看清业务本质。因此，在会计人才培养中，高校应打通数智与财务隔阂，积极探索智能财务系列课程教学。高德商则是应具备良好的会计职业道德，从传统会计人才教育到财务智能化高素质人才培养，倡导学生坚守会计职业道德，使学生明白这一坚守从未改变甚至变得更为重要。高德商的培养应当将职业道德融入高校教师日常教学中，通过正面引导教学或案例教学，规范会计学生未来的职业行为。

（2）专业文化建设。会计专业学生素质培养还可以通过会计专业文化建设来实现。会计专业文化建设旨在内部营造良好专业氛围，可以通过打造“第二课堂”提升学生对会计专业的认可度。“第二课堂”是一种从学生的自身需求角度出发，加强课外管理育人、服务育人，推动自主学习、合作学习，注重专业引领和榜样示范，以形成浓厚的“比学赶帮超”会计专业文化。具体而言，“第二课堂”的形式包括：一是全程导师制，贴合实际情况引导学生职业发展；二是开设财经专家的集会活动，通过成功人士亲身经历引领学生职业发展路径；三是建立专业公众号，定期推送优秀榜样点燃学生内动力等。“第二课堂”可通过社会科学中，诸如法学、社会学、经济学乃至传播学等不同于管理学，却又与会计这一管理类学科息息相关的其他学科入手，拓展学生视角，提升学生多学科交叉运用的能力。此外，高校更要注重不同年级阶段学生的不同需求，做到课程开设有目的性、时间选择灵活性，切不可忽视学生的兴趣，以任务化、格式化的教学内容强加于学生，避免灌溉式教育的情况发生，要使其真正成为有价值且更有活力的教学课堂。

4．外部多方助力

（1）专业标准制定。国家教育部门需要切实为会计人才培养的重构提供政策辅助，及时修订和完善《工商管理类教学质量国家标准（会计学专业）》（简称《标准》），为高校的会计人才培养起引导作用。在 2018 年，教育部发布的《标准》对高校会计学人才培养提出了基本要求，成为目前会计学本科专业设置、指导专业建设以及评价专业教学质量的基本依据。然而，在这一版的《标准》中并没有充分反映智能财务时代下的会计人才培养。新形态、新时代的专业准则应当立足于会计行业的未来，特别是要根据数字经济时代对会计人员能力的要求，基于人才的全面发展，坚持立德树人原则来修订和完善。因此，本节建议教育部门在修订和完善《标准》时要以培养综合素质为基础，从而满足数字经济时代社会和企业对会计人员能力上的新需求。

（2）教育理论创新。学术界需要提升高校会计教育理论研究的广度与深度，进一步从国外优秀高校会计人才培养模式中汲取经验，并结合我国的实际国情，创建具有中国特色、适应我国社会发展的会计人才培养体系。我国作为一个尚处于发展中的大国，在会计教育的理论研究上起步较晚，在发展过程中遇到的问题不仅带有历史发展的特征，还具有自身的独特性。因此，学习和借鉴其他国家和地区的会计人才培养经验，是我国创造性地解决目前会计人才供需错配问题的重要手段之一。

（3）“政产学研”协同。高校应当积极实践“政产学研”协同。2019年2月由中共中央、国务院印发的《中国教育现代化2035》提出了推进教育现代化的八大基本理念，包括更加注重融合发展、更加注重共建共享等，并要求各地区各部门结合实际，认真贯彻落实。其中，“政产学研”的协同发展对现今高校的教学资源配置发挥着举足轻重的作用，具体而言，政府应在产、学、研三方中发挥纽带作用。一方面，对财务智能化趋势下会计人才标准进行重塑。另一方面，通过政策法规上的支持，为高校、企业乃至科研院所提供可交流的信息资源和经济支持：高校可以通过“产教融合、校企合作”这一途径，积极与企业合作产学研究项目，共建实践基地；科研院所可以进一步强化与高校的合作，共研领先技术，共建学科专业，真正做到将研究成果转换为实践应用。

打造共商人才需求、共享优势资源、共研领先技术、共建学科专业、共管人才培养的“政产学研”协同育人模式，以社会实际需求为导向，最终达成有针对性地培养具有广阔视野、扎实技能的多元化复合型高端会计人才的目标。

（二）会计在职教育

会计人员在职继续教育是强化企业会计存量人才、保证新环境企业经济活动高效运行的关键环节。2018年，财政部、人力资源社会保障部印发了《会计专业技术人员继续教育规定》，提出要培养懂经济业务、懂智能数字技术的高水平会计人才。社会中的会计人员往往难以通过脱产的方式完成在校教育，因此相关后续教育机构应当根据会计人员面临的具体环境加强继续教育培训，并通过线上线下不定期开展相关理论后续培训、新兴技术教学、实务经验交流来实现从业会计人员的后续教育，避免会计与智能财务时代脱节。

1. 相关理论后续培训

（1）交互教材编写。在相关理论后续培训中，会计在职教育应当重视对于教材内容的选择，应当区别于在校学生教材。理论教材编写应在已有的基础会计理论教材基础上，结合财务智能化发展趋势下会计行业的变化，将人工智能、“互联网+”、大数据相关理论结合会计、审计、财务管理，新编案例型交互式教材。交互式教材不仅要继续强化对会计与财务专业基础技能的学习，更要引入财务智能时代背景下符合现代企业发展实际需求的相关数字化理论，以此进一步充实、完善会计人才在职继续教育课程教材体系。

（2）政策文件解读。《中华人民共和国会计法》以及会计准则、会计通则等一直作为会计人员实操指导性文件，在财务智能化背景下，财政部门也会相应做出新解释。据此，会计管理部门应及时应对外界经济环境变化，下达相关政策最新解读文件，并组织各级会计人员集中学习指导性文件，保证企业基本财务处理程序符合最新要求。此外，随着我国会计准则与国际会计准则逐渐趋同，在后续理论培训中，可通过加强会计人员对国际会计准则的学习，有助于会计人员进一步了解国外国内准则的异同，为建立企业良好的会计环境奠定基础。

2．新兴技术教学

（1）数据处理技术。相比于在校学生，已经在工作岗位上的会计人员对数据处理技术的需求更为迫切。仅仅在会计信息系统水平上的相关会计技术已经无法满足社会环境对会计人员的要求，因此，后续教育还应当重视除会计基本技能外，如对数据处理技术的传授，可以通过邀请相关大中型企业、会计师事务所资深财务专家定期举办会计人员数智技术培训，从而提高会计人员的数据筛选、数据处理能力。

（2）“数财”融合技术。除了对数据基本处理技术的学习，会计人员后续培训还应当重视对数智技术在财务领域中的运用进行教学。例如，对财务共享中心的建立、云会计的实施、区块链会计的运用等多种实际操作进行培训。随着智能技术在各类企事业单位的普及，在会计人员后续培训中，如果单独培养数智技术运用而脱离财务数智化技术的融合，会导致会计人员无法有效地将二者统一起来，仅仅只是学会了两类单一技术，从而在实际上无法满足企业的需求。

3．实务经验交流

（1）管理部门推动。会计管理部门应当注重会计人员的经验提升，可以通过举办各类财务决策、账务案例分析等比赛，鼓励各级会计人员踊跃参加，进而达到丰富会计人员知识、提升会计人员技能的目的；还可以借助CPA会员、ACCA会员的后续教育管理，聘请业界专家，举办财经论坛，或是定期发布相关案例报告，提高会计人才队伍水平。

（2）标杆企业交流。面对当前财务智能化趋势，不同层次、不同规模企业的财务部门对于外界环境的反应速度存在差异。例如，华为等大型企业很早之前就实现了业财融合与财务共享。因此，在会计人员的后续教育中，发展较缓慢的企业应当与标杆企业建立会计人员互帮机制，调配自身的会计人员前往标杆企业财务部门吸取先进的财务工作经验，学习标杆企业在面对智能环境时做出了哪些调整，并结合行业特征对自身的财务部门进行战略性改革，促使财务部门的转型发展适配外界环境的需求。

科学技术是“第一会计环境因素”，信息科技的迅猛发展催生了以新产业、新业态、新商业模式为代表的新兴经济体。新的要素市场结构对会计人才供给产生了重大变化，使得会计人才培养改革迫在眉睫。高校作为会计人才培养的主阵地，在制定培养目标和具体培养措施时，应站在财务智能化时代发展的高度，顺应时代潮流，将培养重点放在探索并建立复合型高端会计人才模式上，将数智技术应用融入高校、教师、学生三维结构中，并根据财务智能化时代社会对于会计人才知识储备和能力结构的需求状况，积极探索“大数据 + 会计”“智能会计与财务管理”“IT+ 审计”等新兴会计人才培养方向，做到“政产学研”协同，进而实现会计人才供需更精准的匹配。

第四节　财务会计由信息化到智能化的转型发展

科技的进步带动了人工智能技术的发展，随着人工智能在我国各行各业的普及与渗透，各行各业的发展模式都发生了改变。2016 年德勤会计事务所研发出智能财务机器人，标志着人工智能在会计领域的一大进展。智能财务机器人的问世，大大提升了传统会计工作效率，重新定义了传统会计的记账、算账和报账等内容，使得人工智能环境下的财务会计有了新的工作内容和工作模式。这也意味着财务会计要面临人工智能环境下转型发展的新挑战。本节围绕财务会计与人工智能展开论述，重点探讨在人工智能应用环境下，财务会计由信息化向智能化转型发展的策略建议。

一、财务会计与人工智能

财务会计（financial accounting）是按照国家相关法律法规和会计程序，以专业化处理方法对企业财产运作、资金流转、融资投资等相关事件进行统计、核对以及监督工作，并及时向企业相关利益者和国家相关部门提供财务运行报告的经济管理活动。财务会计是保证企业稳定运营的基础性工作，财务报告是财务会计统计、核对和分析的财务数据，企业管理者通过财务报告的阅读，就能够全面了解企业的经营现状，并以此作为决策的参考和依据。

人工智能就是利用计算机技术、数据技术为人们提供周到的服务。人工智能的设计原则是以人为本，其本质就是数据计算，即按照人类的逻辑思维来进行相关的软件开发和芯片制作，人们可以通过键盘、鼠标、屏幕等输入端与人工智能进行互动交流。人工智能设备能够取代人类做一些不擅长、高难度和有危险的工作，其不仅拥有较强的学习能力，还能够自我演化迭代，吸收各类知识，在原有知识体系中进化新知识，更新自己的知识库，适应新环境。

随着人工智能时代的全面到来，大数据、云计算和人工智能应用越来越广泛，人工智能在会计领域的应用逐渐取代了人的工作。传统财务会计体系在一定程度上不再适合企业发展的需求，这也给传统的财务会计活动带来挑战。财务会计需要在工作过程中不断转型寻求更好的发展。

二、财务会计由信息化向智能化转型的发展现状

通过上文对人工智能时代的论述可知，智能化的时代背景对财务会计提出了新的要求。在时代推动下，企业不断加大创新，以适应人工智能时代的新要求，对传统的工作

模式进行改革。财务会计也逐渐拓展其职能作用，积极融入企业内部的业务活动之中，加强预测业务，评估经济活动，为企业的经济决策和控制活动提供有价值的信息服务。很多企业不断推动财务会计转型升级，从业财融合、管理会计、财务共享服务中心等方面寻找突破口，以顺利推进财务会计转型。

（一）业财融合

业财融合是指利用科学有效的信息技术，在财务部门和业务部门之间共享资金流动、信息流等信息和数据，促进企业更好地实施相关政策决定和计划方案。传统的财务会计主要是事后会计，通常不重视业务的管理和解决，而是对会计信息以监督的形式进行工作，这限制了企业财务的价值和作用。在业财融合中，财务会计工作真正有效地融入业务活动，进行财务事前预估、事中控制和事后监督，这样的财务政策决定模式不断扩展和开拓财务部门的职能作用。

（二）管理会计

管理会计（management accounting）是目前会计大类中的一个分支，其作用是为企业经济决策提供信息服务，包括对财务数据的收集、处理、分析与预测等。管理会计作为针对企业内部决策的财务管理方式，正在起到越来越重要的作用，成为企业实现目标战略的重要工具。其主要任务是对已有财务数据进行动态分析和实时预测，通过数据分析、结果预测等过程，将分析结果和研究成果直接提供给企业管理层，帮助管理层优化中长期发展目标。

（三）财务共享服务中心

财务共享服务中心是指企业集团将各子公司和分公司的财务工作集中起来，进行批量处理，通过调整组织机构和资源配置，建立标准化和统一化处理财务信息的机构或系统，从而减少财务管理方面的成本，便于集团财务的高效管理。企业集团传统的财务管理，由于子公司和分公司众多，各个财务部门独立，导致财务管理分散，难以做到统一协调，给企业集团的财务活动带来巨大影响，财务数据难以共享，财务数据收集和分析效率低。财务共享服务中心有利于将复杂的财务工作流程简单化和标准化，提高财务信息收集和分析的效率，便于深挖财务信息，为企业的发展战略和经验计划等重要决策提供数据支持。

三、财务会计由信息化到智能化转型发展的问题分析

人工智能的本质是社会生产力的革新，历史上每次生产力的革新都会对传统的工作模式形成挑战，在会计领域，四大会计事务所相继研究出自己的财务管理机器人，会计行业的人工智能化不断升级，大量机械重复的会计工作将由人工智能设备来完成，这对

财务会计的转型发展提出严峻考验。

（一）对财务会计转型的认知不足

企业最看重经济效益，企业经营者都将重心放在研发、生产、销售等环节上，对财务工作重视程度不够，认为财务管理工作不重要，财务人员直接参与公司经营决议的机会很少。还有一些企业很少关注财务管理工作，认为财务管理有会计做账就行，根本没有管理的概念。财务人员也认为只要完成统计工作即可，不会去进一步分析数据。实践证明这种观念落后，对企业发展没有促进作用。在进行财务数据整理过程中，可以发掘很多经济信息，对企业财务体系的转型有着非常重要的作用。

（二）企业组织对财务会计转型的配合度不高

在传统的企业组织形式中，财务部门与业务部门之间的沟通并不多，财务部门主要是对业务部门产生的经济数据进行核对和记录，更多的是起到事后管理的作用。在这种情况下，不仅业务部门和财务部门之间的信息在传递过程中极易出现延误和失真，不利于财务部门的基础数据核算工作，财务信息处理的结果也容易与真实情况不符，无法对企业业务起到参考作用。

再加上传统的财务报表编制，只关注固定的财务指标数据，导致财务部门很难对企业业务中的其他信息保持关注，财务管理的效果不理想，达不到新时期企业经营发展的需求。

（三）财务会计的专业技能有待提高

传统的会计工作对于数据的整理是非常烦琐的，但由于企业对于财务工作的重视程度不够，导致了财务工作者们要投入大量的精力去完成数据的统计工作，使得财务管理工作实际的工作效率并不高。财务工作的特殊性造成了财务工作者们所面临的工作环境单一、工作内容烦琐，许多财务员工面临巨大的压力，基本不会主动去了解其他部门的工作内容，尤其是人工智能方面的知识。长期如此就造成了财务人员知识面匮乏，新的知识储备不足。

（四）财务会计转型的信息化环境不友好

在大多数企业中，各个部门都是独立的信息管理系统，本部门的所有信息都只能留在该部门内部，各个部门系统呈现各自为政的状态，没有充分实现信息全共享，甚至很多数据都没有及时有效地传输到企业财务系统中，财务部门不能及时了解公司发展过程中对于资金的需求、收支情况，进而影响财务部制订下一步的财务计划和融资安排，无法实现财务与主营业务相融合，阻碍了财务会计向管理会计转型的进程。

四、财务会计由信息化到智能化转型发展的策略建议

（一）增强对财务会计工作的重视度

财务管理对企业的发展具有一定的决定性作用，尤其在人工智能逐渐进入财务管理体系的发展趋势下，企业管理者更应该认识到财务工作的重要性，关注财务体系的转型工作。

（1）改变传统的财务会计理念。企业要重新审视会计职能，要求财务人员将工作的重心更多地放在数据的处理、分析和趋势判断上。高度关注业务的事前预测，能够更有效地提高企业内部经济决策的科学性，减少财务风险的发生。

（2）保持敏锐的嗅觉，了解人工智能在财务管理领域的研究进展，及时将最新的研究成果与本企业的财务工作相联系，结合本企业的实际财务管理工作进展，有针对性地引入相关的技术，为企业内部财务会计的转型升级提供技术支持。

（3）保持学习的态度，企业财务人员始终全面了解财务会计和管理财务的优缺点，不断掌握更多人工智能等先进的知识，在日常的财务工作中要时刻总结工作经验，更新自己的专业思维，以应对人工智能给会计工作带来的挑战。

（二）优化组织结构和业务流程

（1）调整传统的会计组织结构。部门架构的调整是实现业财融合和智能化转型的基础条件之一。将企业内所有业务活动进行整合，此时单凭财务部门无法顺利开展财务会计工作，应适当调整传统财务会计组织架构，同时需各部门积极配合。部门间融合得好坏将直接决定财务转型的管理效率。这就要求企业在转型时期不断加大改革力度，持续推动财务工作标准化、程序化、规范化，发挥出财务管理的最优价值。

（2）制定全新的财务执行标准。在人工智能日益成熟的背景下，传统财务会计业务流程已经不能满足新的需求。在建设全新的财务系统时，企业管理者应对传统会计业务流程进行梳理，在符合国家相关机构要求下，建立新的财务处理标准，制定工作流程，使其更好地融入企业的业务活动中，从而保障财务转型工作更加科学。根据企业发展实际及时修订执行标准，完善财务工作方案，使财务会计转型工作顺利开展。

（三）加强对财务会计的新技能培训

（1）改进财务部门的工作方式。随着人工智能在财务方面取得了重大突破，企业陆续引进相关技术对财务体系进行升级。在此背景下，企业要及时更新财务人员的工作方式，在新型财务体系的要求下，改进员工的工作技能，提高公司财务工作的效率，通过提升专业水平，为相关工作的顺利开展提供动力。

（2）提高财务人员的专业素养。传统的财务人员会计知识丰富，缺乏探索业财融合、

管理会计等的经验，知识结构和能力有限。企业不仅要引导财务人员学习业务与财务一体化的相关知识，在实践中，还要不断跟踪业财融合的进程，加快转型事件，全面提高财务团队的综合素质，加强人才基础建设。当发现财务问题时，加大教育培训力度，帮助财务会计找出问题的根源，针对性地解决专业素养不足的问题。

（四）构建良好的信息系统环境

（1）企业在进行财务体系转型的过程中，应该科学合理地将互联网加入财务体系的建设中，构建一个全面的人工智能应用管理系统，并加大资金力度，不断升级优化该系统，确保该应用系统能够发挥最大作用，为会计工作的顺利开展提供支持。加强财务信息化水平建设，在财务管理方面加大资金投入，完善财务统计的软件系统等设施，提升数据处理与传输的效率。

（2）在财务工作运用人工智能技术的过程中，要制定一定的限值，不能忽视人工的重要性。对于关键性的财务数据还应该由专业的财务人员进行统计、核对、分析，避免由于人工智能技术软件或者硬件无法正常使用，使得关键性数据丢失，进而影响企业良性发展。

（3）加大基础会计工作信息化改造力度。先进的网络信息技术将成为实现智能化转型的重要支撑。针对一些企业信息系统碎片化，不能对信息数据进行有效整合的问题，企业在提供配套的软硬件基础设施的同时，应加大基础会计工作信息化改造力度，使财务会计从重复劳动中解脱出来，为财务人员将大量精力投入信息管理中奠定基础。

随着科学技术的进步，人工智能获得了飞速发展，给企业财务会计转型带来了机遇与挑战。

在智能化发展背景下，企业财务会计转型要求企业高度重视财务会计的智能延伸，结合自身的实际情况，通过调整企业的组织管理架构、加强人员培训力度、加快信息化建设等方式，充分发挥管理会计、财务共享服务中心、业财融合的优势，使企业财务会计转型成功，高效完成财务管理工作，在新模式下创造更多的收益，促进高质量发展目标的实现。

参考文献

[1] 陈建明．经济管理与会计实践创新 [M]．成都：电子科技大学出版社，2017.
[2] 董艳丽．新时代背景下的财务管理研究 [M]．长春：吉林人民出版社，2019.
[3] 龚巧莉．管理会计量化工具与方法应用 [M]．昆明：云南大学出版社，2015.
[4] 郭艳蕊，李果．现代财务会计与企业管理 [M]．天津：天津科学技术出版社，2020.
[5] 黄倩．财务管理实务 [M]．北京：北京理工大学出版社，2017.
[6] 李华．企业财务会计 [M]．杭州：浙江大学出版社，2018.
[7] 刘春姣．互联网时代的企业财务会计实践发展研究 [M]．成都：电子科技大学出版社，2019.
[8] 刘洋，曲远洋．管理会计 [M]．上海：上海财经大学出版社，2017.
[9] 倪向丽．财务管理与会计实践创新艺术 [M]．北京：中国商务出版社，2018.
[10] 曲柏龙，王晓莺，冯云香．信息化时代财务工作现状与发展 [M]．长春：吉林人民出版社，2021.
[11] 宋大龙．新形势下高校财务管理与审计监督 [M]．长春：吉林人民出版社，2021.
[12] 孙自强，陈静，张荣静．财务会计 [M]．郑州：河南科学技术出版社，2017.
[13] 王道平，李春梅，房德山．企业经济管理与会计实践创新 [M]．长春：吉林人民出版社，2020.
[14] 王瑾．企业财务会计管理模式研究 [M]．北京：北京工业大学出版社，2017.
[15] 朱建林．企业科技创新投入与产出财会管理实务 [M]．杭州：浙江工商大学出版社，2014.

参考文献